18
20
22
24
26
RUSS
Breslau
Oder
Warthe
Oppeln
Neisse
Glatz
Sandomir
Weichsel
Krakau
Ratibor
Wieliczka
Troppau
Bielitz
Galizien
Neu-Sandec
Przemysl
Sambor
Stryi
Dnjestr
Tarnopol
Lemberg
50
Olmütz
Brünn
Austerlitz
Waag
Neusohl
Kaschau
Kremnitz
Schemnitz
Munkács
March
Pruth
Czernowitz
Theiss
Bukowina
Pressburg
Tokaj
Neuhäusel
Erlau
Komorn
Waitzen
Debreczin
Raab
Gran
Budapest
Szamos
Bistritz
Ungarn
Stuhlweissenbg.
Klausenburg
Kövös
Grosswardein
Plattensee
Kecskemet
Donau
Siebenbürgen
Schässburg
Szegedin
Arad
Karlsburg
Fünfkirchen
Maria-Theresienst.
Hermannstadt
Kronstadt
Drau
Mohács
Temesvar
Maros
Slavonien
Theiss
Banat
Sissek
Esseg
Neusatz
Alt-Gradiska
Peterwardein
Orsova
Alt-
Bazias
Neu
RUMÄNIEN
Semlin
Save
Belgrad
Bosna
Banjaluka
Morawa
Krajowa
Bosnien
Drina
SERBIEN
Walachei
44
Travnik
Kragujewatz
Widin
Serajewo
Donau
Serb. Morawa
Bulg. Morawa
Plewna
Herzegowina
Nisch
Isker
Brazza
Mostar
Novibazar
BULGARIEN
Lesina
Curzola
Prischtina
Sofia
Montenegro
Ost-Rumelien
Ragusa
Cetinje
Cattaro
TÜRKEI
Prisrend
Philippopel
42
Skutari
Drin
Wardar
Dulcigno
18
20
22
24

EUROPAVERLAG**BERLIN**

Noémi Kiss

SCHÄBIGES SCHMUCKKÄSTCHEN

Reisen in den Osten Europas

Aus dem Ungarischen
von Eva Zador

EUROPAVERLAG**BERLIN**

Die Originalausgabe ist 2009 unter dem Titel *Rongyos ékszerdoboz. Utazások keleten* im Magvető Verlag, Budapest, erschienen.
Bei der vorliegenden Ausgabe handelt es sich um eine von der Autorin überarbeitete und erweiterte Fassung.

MIX
Papier aus verantwortungsvollen Quellen
FSC® C083411
FSC www.fsc.org

Umschlaggestaltung: Hauptmann & Kompanie Werbeagentur, Zürich
Karte: »Österreichisch-ungarische Monarchie und die Schweiz« aus: H. Lange, *Neuer Volksschul-Atlas über alle Theile der Erde:* Wikimedia Commons
Lektorat: Palma Müller-Scherf, Berlin
Satz: BuchHaus Robert Gigler, München
Druck und Bindung: cpi Clausen & Bosse, Leck
ISBN: 978-3-944305-97-4

www.europa-verlag.com

INHALT

DURCH DIE BUKOWINA

»Laven, Basalte, weltherz-
durchglühtes Gestein.
Quelltuff,
wo uns das Licht wuchs, vor
dem Atem.«
PAUL CELAN, *Entwurf einer Landschaft*

Unsere Jahrhundertwende

Vor Kurzem bekam ich von einer Verfechterin der Erinnerung, einer Antiquarin, die ich in einem verlassenen Städtchen nahe der Schweizer Alpengrenze kennengelernt hatte, ein Geschenk. Sie überraschte mich mit dem Buch *Illustrierter Führer durch die Bukowina, 1901.* Als ich mich von ihr verabschiedete, sagte sie mir vertraulich: Sie überreiche mir den Reiseführer gegen das Vergessen der Vergangenheit. Als ich damals den blauen, in Wien herausgegebenen Baedeker mit dem monarchischen Titelblatt in der Hand hielt, da wusste ich noch nicht, dass mir die Beschreibung des Kronlandes in Kürze nützlich sein würde und ich sogar dorthin führe.

Der Wunsch meiner Bekannten wurde Wirklichkeit. Ich vergaß die Vergangenheit schnell, denn die Gegenwart im Osten Europas ist derart chaotisch und ungeordnet, dass die Erinnerung gerade in dieser Unordnung zu Leben erwacht.

Ich fuhr an den Ort, an den mich der Autor des Buches und die Geberin geschickt hatten. Zu seltsamen Wörtern und ungewohnten Orten, über die ich gelesen hatte, noch bevor ich mich ihrer Existenz vergewisserte. Ich war umgeben von mehrfach abgeänderten geografischen Zeichen, über diese Landschaft hatte ich mich sehr viel früher im Ton der Jahrhundertwende informiert, als ich sie dann durch eine von den alten Dingen etwas beschlagene Brille erblickte. Sie war wunderschön, kahl, arm und grau, begeisternd und bedrückend zugleich.

Lange Terrassen, windschiefe Gebäude, Felder und Mandelbäume breiteten sich statt der Linien der Landkarte vor mir aus. So konnte ich das Land der Bücher selbst in Augenschein nehmen, sehen, ob es wirklich so war, wie die nach dem Krieg emigrierten Exilschriftsteller erzählten oder wie die Geschichtsschreiber versuchten, die Katastrophen zu beschönigen. Den Namen dieser heute schon eher fiktiven Landschaft, der Bukowina, leitet der aus Czernowitz stammende Dichter Paul Celan nach seiner Etymologie aus dem Wortstamm *Buch* ab. Sie ist ein Produkt der Wirklichkeit und der Fantasie zugleich. Die zu überwindende Entfernung führt in ein Labyrinth, denn der Ort fordert dem Reisenden bedeutende geistige und körperliche Kraft ab, sogar seine Seele beansprucht er in ganz außerordentlicher Weise. Er fordert Eindeutigkeit und stellt einen ständig vor Entscheidungen, er erwartet Urteile, ist aber unglaublich schwer zu beurteilen, denn mal ist die Bukowina glanzvoll und reich, ein anderes Mal entsiedelt und fürchterlich anzusehen.

Schon der erste Tag schwächt mich körperlich, und natürlich behaupten mehrere meiner Reisegefährten, diese lange Reise in den Osten wäre nichts für eine Frau, trotzdem bin ich fest entschlossen, ich will dem nachgehen, was ich aus den Büchern so gut kenne. Diejenigen, die mir die Reise ausreden wollen, sind, wie sich herausstellt, im Unrecht gewesen. Wir legen nur fünfhundertneununddreißig Kilometer zurück und sind schon am Ziel. Es ist nur ein Katzensprung in den Osten.

Die Bukowina existiert also.

Ich steige als eine der Ersten in den Bus, winke heftig mit meinem Reiseführer und warte darauf, dass vielleicht jemand die Bukowina in meiner Hand bemerkt. Wir haben uns zu einer Reise zusammengefunden, die verspricht, exotisch zu werden. Niemand reagiert auf mein Buch, alle suchen nach dem unmittelbaren Erlebnis. Den Kern der Reisegruppe bildet ein Lehrstuhl aus Ostungarn, die Expedition leiten erfahrene Akademiker, und es mangelt keineswegs an Mut gegenüber dem Unbekannten.

Die bunt zusammengewürfelte Gemeinschaft nimmt bald ihre Plätze ein, wir machen uns in bequemen Sitzen auf den Weg zur anthropologischen Feldarbeit, im Bus gibt es sogar einen Kühlschrank und eine Kaffeemaschine. Als wir losfahren, erzähle ich naiv, wir wären auf dem Weg nach Europa. Wir sind unterwegs in das östlichste Kronland der österreichisch-ungarischen Monarchie, doch geht es ziemlich langsam voran. Die rumänische Grenze überqueren wir bei Csengersima, danach wird der Weg immer unebener. Über der Landschaft liegt der Geruch von Gülle, natürliche Quellen, Basalt, Hügel, Faltengebirge, Tuff.

Runzeln auf der Stirn und in den Gesichtern, traurige Menschen und fröhliche Menschen, spöttisches Gelächter. Sie begleiten uns auf unserem Weg, sind unsere zufälligen Reisegefährten, in der beißenden Frühlingskälte kämpfen sie sich auf Pferdekarren von Dorf zu Dorf voran. Wir durchqueren die kleinen Ortschaften mit ihren noch im Wachsen begriffenen Dorfgemeinschaften, den Obschtschinas, und die gerodeten Wälder der Karpaten. Ganz hinten, hinter den Bergen, beginnt dann das gelbliche Hügelland von Suceava.

Wir fahren in ein Land so groß wie Luxemburg, nur in umgekehrter Richtung: Für uns zählen nicht die Zukunft, westliche Ansprüche und wohlbedachte Schritte, hier rückt die Vergangenheit in die Gegenwart, und wir selbst sind auf der Suche nach den Landschaften der Erinnerung. Es scheint nur so, als gingen wir vorwärts, in Wirklichkeit führt unser Weg zurück.

Den ganzen Weg über bin ich unruhig, ich will am Ende bestimmte Einzelheiten nicht vergessen haben und auch die Route unserer Reise mehr oder weniger einhalten, aber es wird mit nicht gelingen. Grund dafür ist, dass ich mein Notizheft zu Hause vergessen habe. Und dann ist auch noch der Weg zu unserer letzten Station, in Climăuţi, im Dorf der russischen Lipowaner, unbefahrbar, also sind wir wohl oder übel gezwungen, kehrtzumachen. Genauer gesagt, dem ukrainisch-rumänischen Grenzstreifen den Rücken zu kehren. Groß und in Flecken borstig, karg bewachsen.

Nach drei Tagen müssen wir nach Hause, im Rodna-Gebirge schneit es in der Nacht noch kräftig, als wir die Fahrt über den Paşul Prişlop durchschlafen. Auf einmal bemerke ich, dass mich jemand aus meinem Traum herauslockt. Bei Nyíregyháza weckt mich eine glatte und duftende Hand, wir sind angekommen, sagt die dazugehörende Stimme. Ich finde mich sofort zu Hause wieder, als wären wir nie losgefahren. Sind wir es denn nicht?

Eine bukolische Welt

Das Land der Buchenwälder: die Bukowina. Ein länglicher, bedrohlicher Streifen mit nur spärlichem Pflanzenbewuchs. Alle ihre Wege führen nach Suceava, Suczawa, Szucsáva. Westlich von ihr liegt Sigethu Marmaţiei, im Norden Galizien, südlich kommen wir nach Bistriţa, und würden wir die Linie weiterziehen, dann müssten wir das sich unendlich erstreckende moldawische Hügelland überqueren, danach stürzten wir in einen endgültig unbekannten Raum, der uns wie ein dunkles Loch verschluckt. (Dort war ich auch noch nicht.)

Die Bukowina ist der Schauplatz der Vergangenheit, der Restaurierungen, wir suchen nach ihren Wurzeln, unten in der Tiefe, wir meinen so den Nährboden der Gegenwart gewinnen und verstehen zu können, wir untersuchen die Adern unter der Oberfläche, wollen wissen, woher und wohin das Leben fließt, wer dem Menschen die Schätze der Erde in den unter den Hügeln gelegenen Höhlen stiehlt. Aber wir werden enttäuscht.

Das Buchenland: 1774 gelangte es zu Österreich, 1849 wurde die Bukowina zu einem eigenständigen Herzogtum. Im Sinne des von Joseph II. erlassenen Toleranzpatents war die freie Religionsausübung erlaubt. Orthodoxe Christen, evangelische Zipser, römischkatholische Polen und Szekler aus Măneuţi, in großer Zahl angesiedelte Juden in Czernovitz, Bubers Chassidim in Sadagora, armenische Christen, die wohlhabende Händler waren und längere Zeit die führende Elite des Kronlandes darstellten, Bojaren, Huzulen und russische Lipowaner, sie alle sind Bestandteile der Bukowina, des Buchenlandes. Sie brachten Bewegung in die Landschaft, malten den Boden gelb. Dann auf einmal wurden sie alle zu gefallenen Engeln. In der Bukowina bewegen sich die Menschen wie Versatzstücke in einer Landschaftsbeschreibung, denn sie haben längst eingesehen, dass sich die Welt auch ohne sie dreht.

Diese östlichste Heimat der gotischen und romanischen Kirchen ist das Land der stillen und ruhigen Klöster, in dem die Ikonenmalerei auch die Außenwände der Gebäude erobert hat. Schon von Weitem sind das Doppelkreuz und der blau gemalte Hintergrund zu sehen. Die Landschaft gleicht einer bukolischen Welt, sie ist eigentlich unbeschreiblich, denn die Bukowina ist eher Stimmung als Rede oder Sprache, hier spricht keiner aus, was ihn schmerzt, jeder trägt ein großes, heimliches Leid auf seinen Schultern.

Am liebsten schweigen die Menschen, selbst dann, wenn sie reden. Das ist für den Fremden eher unangenehm. Buber meint, die Chassidim hätten gelehrt, den Anderen bedingungslos zu akzeptieren, daher stehe im Mittelpunkt ihrer Lehre die Anrede, sie strebten danach, den Abgrund zwischen dem Ich und dem Du, dem Eigenen und dem Fremden zu überwinden. Sie bringen die Glückseligkeit des Zusammenlebens in dein Heim. Wie wäre es mit einem Gedankenspiel? Wären die Chassidim wie die Heuschrecken über die Bukowina gekommen, dann hätten sie die seelischen Voraussetzungen des Zusammenlebens in Osteuropa bestimmt. Das Ich hätte zum Es Du sagen können. Du, Bukowina. So wurde es auch fast. Wenn wir lachen, dann lachen wir in unserer Verlegenheit über das Fiasko, das Scheitern der Chassidim.

Nach der Exegese macht uns die Begegnung mit der Heimat anderer offener. Bubers Baedeker verkündet also den bedingungslosen Dialog. Heute sind die Menschen schon derart abgehoben, dass sie die Landschaft nicht mehr von außen sehen, den anderen nicht beachten, die Landkarte nicht lesen und, was am wichtigsten ist, nicht mit der Geschichte rechnen, mit den Kräften, die nicht fähig zum Dialog sind, die dieses Gebiet zertrennt haben. Der Chassidim ist ein idealisierter Aberglaube, uns rührt er, wenn wir zu Hause über ihn lesen, doch schließlich lässt er uns kalt, denn wir können ihn nirgends auffinden. Es sind leere und tote Worte.

Wenn sich jemand in der Bukowina umschaut, dann stößt er nicht auf Worte, sondern auf Schweigen. Überall begegnet er ziellos trottenden Köpfen. Alte Körper auf den Straßen, gebeugte Rücken scharren, schäbige Kopftücher waschen, streunende Hunde am Horizont; die rußverschmierten Frauen grüßen auf ihrem Heimweg aus der Müllverbrennung, Pferdewagen, Ochsen, Händler, Köhlereien und verlassene Salzbergwerke streift dein Blick.

Als wir ankommen, sind die Berge von einer dicken Schlammschicht bedeckt, das Tauwetter hat eingesetzt, die Wege sind voller Schlaglöcher und führen ins Nirgendwo. Manche verstecken sich vor der Kamera, andere, wie auf der Kirchweih in Rădăuţi, erlauben uns nicht, sie anzusehen, bevor wir sie nicht fotografiert haben. Wie ein Filmschnitt. Wir lernen, uns zu benehmen, doch der nächste Interviewpartner widerlegt es sogleich. Über dem Markt liegt starker Krautgeruch. Ein alter Mann verkauft abgenutzte Töpfe, nach Gummi riechende graue Stiefel und möchte, dass wir ihn fotografieren. Neben ihm sitzt der Krauthändler, der nächste bietet billig Blech-Christusfiguren an, fertigt Ikonenfälschungen auf Bestellung, gegen Geld malt er, was auf unserer Wunschliste steht. Die weiteren Bestandteile der Marktstraße sind: 1 Liege, 10 Eier, 4 DVDs, 3 Schafskäse, Zügel, 7 Gefäße, Pferde und Tauben. Gegen Ende des Vormittags löst sich die Gruppe der Käufer auf. Eine ganze Woche müssten wir warten, bis der Markt wieder öffnet.

Fremde

Den Geschmack und Geruch der Bewohner dieser Landschaft lernt man am ehesten durch *Mititei* und *Tschorba* kennen. Das eine sind Hackfleischröllchen, das andere ist eine Kuttelsuppe. Ich beklage mich nicht, aber wie in dem Buch von 1901 geschrieben steht, sollten wir längere Wege vermeiden und uns besser von den Einheimischen fernhalten.

Das Scheitern bekräftigt zuweilen eine solch vornehme habsburgische Theorie der Distanz. Der Punkt ist, dass die Kutteln nicht schmecken, dabei sind Kutteln sehr lecker. Der Magen der Mädchen, so schreibt unser Buch, vertrage die fremde Kost vermutlich nur schwer und sehne sich sicher bald nach der eigenen Küche. Nach der Mutter, dem Geliebten oder dem Gatten. Nach einem weichen Bett und einer kleinen Pause, in der es Zeit hätte, sich zu schminken. Doch in der Bukowina könne man nur einsam sein, wer das nicht akzeptiere, der brauche sich gar nicht auf den Weg zu machen. Die Gesellschaft der hier lebenden Menschen sei nicht so gut organisiert, sie benutzten einfache, primitive Gerätschaften. Gewöhnlich hätten sie dunkles Haar, schwarze Augen und recht braune Haut. Ihre Begeisterung sei überschwänglich.

Unsere Reisegruppe meint, wir brauchten den ganzen Weg über die spülende und desinfizierende Kraft des *Țuică,* wollten wir am nächsten Tag weiterkommen, müssten wir davon trinken. Der Țuică ist ein starker Pflaumenschnaps, man bekommt ihn in der Bukowina in den *Magazinen,* und auch bei den Interviews bieten uns die Leute zu Hause welchen an. Selbst in den Holzbuden kann man ihn getrost bestellen, wo die Wände mit der irreführenden Aufschrift Coca-Cola tapeziert sind. Im Übrigen malen sie die Bilder außen an die aus Holz zusammengezimmerten Kneipen, damit sie die herumschlendernden Einwohner, die sich aus der Ferne nähern, auf die Modernisierung aufmerksam machen. Unverschämte Bilder sind das, die dem alten, abgenutzten Glanz der hiesigen Welt keine Beachtung schenken.

Der Anthropologe findet Gefallen an den Wänden, für die Bukowina sind leere Wände ohnehin eher ungewöhnlich. Er schreckt selbst vor dem Bild vom Jüngsten Gericht nicht zurück, das er an einem Kloster sieht, dabei ist die Bedrohung, die Gefahr der Vernichtung eine wahre Herausforderung, in jedem Subjekt, in jedem Zimmer, an jeder Kreuzung kommt sie uns entgegen. Selbst wenn einige meiner Reisegefährten von der glänzenden Zukunft des Buchenlandes überzeugt sind, müssen sie das, was sie sehen, ein wenig beschönigen. Aber vielleicht haben sie ja recht. Selbst wenn unsere Gruppe unter Verdauungsschwierigkeiten leidet, bleibt uns nichts anderes übrig (auch wenn wir den größeren Teil des Weges schon zurückgelegt haben), als weiterzumachen: gehen, essen, gehen und wieder essen, trinken. Vielleicht führt das ja zum Erfolg.

Nur gibt es in der Bukowina kein Ziel, und so kann man es auch nicht erreichen. Man kann sich kein Ziel setzen, nichts planen. Zukunft ist verboten. Was von der Ernte nicht in den Reisenden hineinpasst, das soll er eben auf dem Acker lassen, im Wasser, im Wald, in den Häusern und an den Straßen, im Schlamm der Gärten, in den Senkgruben, im Plumpsklo. Auch das Essen, die Blechbüchse, die Plastikflasche, die Servietten als Zeichen der Kultiviertheit, das Plastikbesteck und die Becher soll er ruhig wegwerfen.

An den Bächen wird gar nicht auffallen, dass wir dort gewesen sind, unsere Hände gewaschen, hineingepinkelt, unser Geschäft verrichtet, uns morgens im glitzernden Spiegel des Wassers angesehen haben, denn außer uns haben starke, sonnengegerbte, von Arbeit raue braune Hände den Bach bereits mit allem möglichen Kram vollgemüllt. Dort liegen schon der Autoreifen, das Baumaterial, die Porzellanpuppe, die Ikone, das Kreuz, die Möbelreste, der Teppich, die abgetragenen Kunstledergaloschen, der Plastikchristus, der zerschlissene, abgescheuerte Mantel, das lumpige Leben, die öligen Handschuhe und die Plastiktüte schimmern in allen Farben des Regenbogens.

Die Bukowina hat sehr wohl eine Zukunft, nur muss sie mit sich selbst erst einmal ins Reine kommen, bevor sie diese in Angriff nehmen kann.

In dem Bach schimmert die Zivilisation, das Lieblingswort der Anthropologen. Und auch wir trinken aus ihm, verschlingen die Worte des Baches, wir trinken und trinken. Das schlammige Wasser der klagenden gelben Flüsse begleitet uns überallhin, ungezähmt fließen sie an der Straße entlang, niemand hat sie reguliert. Das gefällt allen, und das wird für uns die Bukowina bedeuten.

Einsamkeit

Man kann nur in einer Gemeinschaft wirklich einsam sein, in der niemand versteht, was *Skutschno* bedeutet. Skutschno ist ein russisches Wort, schwer zu übersetzen. Es ist mehr als öde Langeweile, eher eine Art seelischer Leere, die einen in Form einer unbestimmbaren, doch heftigen Sehnsucht gefangen hält. Skutschno ist das

Sichabfinden mit der Bukowina. Die Geschichte durchtränkt das Gewebe der Landschaft mit ihrem Blut, sie verrinnt, verströmt, versickert. Bleibt verborgen, beginnt zu stinken, nach einer Weile ist sie überall, in allem zu sehen, und doch ist sie keinem wirklich klar.

Wir müssen das Wort in einem Roman suchen, und da mich jeden Tag jemand danach fragt, in welchem Buch die Langeweile beschrieben wird, was die sekundäre Bedeutung des Wortes ist, wird die Antwort konfus, am Ende unserer Reise benutzen wir es aus dem Zusammenhang gerissen in den unterschiedlichsten Varianten. Ich dachte, die Bukowina ließe sich nicht mit einem stimmungsmalerischen Wort beschreiben. Gregor von Rezzoris *Denkwürdigkeiten eines Antisemiten* wird zur Pflichtlektüre. Ohne dieses Buch sollte sich keiner auf den Weg in die Bukowina machen!

Die ganze Reise über rattern die Maschinen der Erinnerung in meinem Kopf, wie auch auf den Sitzen neben mir, bei meinen Reisegefährten. Jeder von uns will etwas von der Landschaft bewahren, nach Hause fahren und mir, die ich ebenfalls dort gewesen bin, dann im Nachhinein erzählen, dass dieses Skutschno auf keinem einzigen Bild und in keinem Film zu sehen ist. Wo ist es? Ist es ein Ort? Wie kann man sich daran erinnern?

Skutschno ist unsichtbar und vollkommen der Seele anvertraut.

Unser Weg durch die Bukowina ist von unzähligen Richtungswechseln begleitet. Immer gilt es, ein Hindernis zu überwinden. Wenn wir gezwungenermaßen eine andere Richtung einschlagen, dann rollen Steine auf den Weg, damit sie uns zurückschicken, das Schlagloch ist zu groß, und wir müssen eine andere Straße nehmen, es regnet, und der Schlamm strömt unter die Reifen, wir rutschen zurück, vergebens schiebt die Reisegruppe den Bus, sie kann ihn für die Zukunft nicht retten, es genügt, die Gegenwart zu überleben. In solchen Situationen lässt sich Einsamkeit ganz und gar nicht deuten, denn ich bemerke, dass alle zurück auf die Hänge gehen, wieder an den Fuß der Hügel zurückgelangen wollen, dorthin, von wo sie sich auf den Weg gemacht haben.

Wir kommen an ein Schild, auf dem dieses Wort geschrieben steht: allein.

Geh allein hinüber, neben dir hat kein anderer Platz. Wir werfen die überflüssigen Leute auch schnell aus dem Bus. Ich und du schieben ihn aus dem Schlagloch. Wir geraten in mystische Abenteuer, dann erzählen wir die Geschichte weiter wie ein authentisches Element der bukowinischen Folklore. Als die Hinterräder wieder draußen sind, füllen sich einige in einem Magazin schon ihre trüben Gläser. Die Wirklichkeit versteckt sich plötzlich hinter Milchglas. Sie sitzen vor ihrem Ţuică, während wir die Szene vor uns herschieben. Wir überlegen hin und her, ziehen und zerren, bis der Stoff endlich zu einem Ganzen wird. Die Sammlung und unser Instrumentarium veröffentlichen wir unselektiert, darin sind wir uns mit ihnen einig. Wir werden so tun, als hätten wir alle unseren Karren geschoben und wären so gemeinsam vorangekommen. Das Ziel heiligt die Mittel, als der Bus endgültig eine Panne hat, haben wir schon seit vier Tagen nicht mehr gebadet, auf keinem Klo gesessen und auch an keiner Seife gerochen.

Dann fange ich mit dem traurigen Ende an

Ich beginne mit den bukowinischen Frauen. In der Bukowina gibt es keine Singles, weil die Bukowina den Menschen einverleibt, mit Familienbanden umstrickt, zumindest behaupten das die alten Reiseführer.

Als mir DJ Zöld eine Platte in der Stadt kauft, zeige ich gleich auf das Lied *Singulica*, wir legen es auf, eine junge Frau singt mit einer fadendünnen Stimme von der Glückseligkeit des einsamen Lebens und den herzlosen Typen. Singulica ist eine schmale Hure, sie zieht Zwirnfäden um die Herzen, doch sie zerreißt einem das Herz nicht, sondern wirbt begeistert um Gleichgesinnte.

In dem letzten von Lipowanern bewohnten Dorf sehe ich die

zweite, aber wahre Frau. Sie ist alt. Einsam, ein ausgetrocknetes Holzscheit, ihr Gesicht gleicht gedörrter Birnenschale. Schon seit einem halben Jahr sammele ich auf meinen Reisen Gesichter alter Menschen. Ich stecke sie in Alben, ohne Beine, Brüste und möglichst ohne Arme, ich versuche, die Zeit an ihnen abzulesen. Als die Frau uns erblickt, stellt sie sich in ihren Bundschuhen vor das Haus. Sie hat ein kleines, grünes Holzhaus mit weiß getünchten Kanten. Ein hoher Bretterzaun und Kassettenfenster schmücken es. Vor dem Haus entdeckt der Reisende, sobald er den Garten betritt, eine kleine Holzbank und zwei schmiedeeiserne Stühle. Wenn gerade niemand zu Besuch ist, sitzt die alte Frau hier. Einmal in der Woche kommt jemand vorbei, daher wühlt unser Besuch sie auch auf, denn wir sind schon die zweiten. Schnell bespricht sie die seltsame Situation mit einer anderen alten Frau, die vermutlich einige Jahre jünger ist, denn sie wirkt noch nicht so zusammengeschrumpft, hat noch nicht so einen dichten Schnurrbart, und ihr Muttermal ragt auch nicht gen Himmel. Schließlich kommt noch eine dritte hinzu, und die erste setzt sich sofort wieder auf ihre Bank, nachdem sie das Holztor hinter sich geschlossen hat.

Die Nachricht von unserer Ankunft macht die Runde, aber ich bleibe bei meiner ursprünglichen Gesprächspartnerin, ich denke, es ist das Beste, wenn sie bis zum Schluss meine Textquelle ist. Zu meiner größten Überraschung erzählt sie gern. Noch dazu auf Russisch, manchmal wechselt sie ins Rumänische, aber die russische Sprache scheint ihr keine große Mühe zu machen, denn sie will kaum aufhören. Ständig fällt sie mir ins Wort, ich solle aufpassen, denn das da, sie zeigt über die Kirche hinweg, das sei schon die Ukraine. Wenn wir die Grenze überträten, kämen die Grenzbeamten mit Ferngläsern in den Händen, und wenn nötig, würden sie ohne Weiteres schießen. Wir sollten nur bis zum Friedhof gehen, nicht weiter. Dort liege ihr Mann, das solle ich mir anschauen, zusammen mit ihrem Vater, in einem Gemeinschaftsgrab zum Gedenken an den Ersten Weltkrieg. Selbst nach der Stunde des Todes habe man nicht erlaubt, dass die Familie beisammen wäre, der bloße Anschein habe die Behörde gestört, denn das Schicksal habe sie auseinandergerissen, diese Wunde aber wolle keiner heilen. Bei der Vergangenheit würde man abwinken, die sei vergangen, um die kümmere sich hier keiner mehr, hier kümmere sich keiner auch nur um irgendetwas.

Wir fragen sie, ob sie Lipowanerin sei. Sie versteht die Frage gar nicht, dann wollen wir etwas über die Huzulen und den Obstanbau von ihr hören, aber auch darauf geht sie nicht ein. Auf einem Karren wird Fisch ins Dorf gebracht, alle konzentrieren sich nun bereits darauf. Auch die Befrager und die Befragte drängt es, damit die etwas abgestandenen, leicht stinkenden, grauen schuppigen Fische nicht schon weg sind. Fliegen bedecken den Korb, dennoch werden innerhalb von drei Minuten alle mitgenommen.

Eine alte Bewohnerin dieses aussterbenden Dorfes trottet in ihrer abgetragenen wattierten Jacke zurück nach Hause. Ihre Augen liegen tief hinter den Falten, durch ihre fehlenden Zähne zieht sich der Mund zusammen, trotzdem lächelt sie, und manchmal leuchtet in ihrem Mund etwas auf. Sie lacht sogar, als sie droht, ich solle es ja nicht wagen, sie zu fotografieren. Sie wolle keine Heldin in einem Album werden, es sei ihr verboten, das Gesicht zu zeigen.

Sie reißt ihr Kopftuch vor den Mund. Bis ich die Kamera hervorhole und ihr das Mikrofon hinhalte, ist sie schon weg, sie zieht den Stock hinter sich her und drückt ihn in den Boden, als wolle sie mit der Hand einen Brunnen bohren. Sie hat Angst vor den technischen Geräten.

Seitdem fällt mir jeden Tag diese winzige Frau ein, in ihrem kleinen Haus, dem ungepflegten Garten mit der gelben Erde, auf ihrer faltigen Stirn missverständliche Zeichen, im Fenster ihres Hauses Wörter. Was stand da wohl geschrieben? Ich habe keine Ahnung. Vielleicht Nachrichten aus dem neuen Moskau. Sie hat ihre Schätze vor mir versteckt, an die Fenster Zeitungspapier geklebt, weil sie nicht wollte, dass wir von der Straße aus in ihr Haus sahen. Sie schämte sich für die leere Stube. Dafür, dass sie nichts besaß. Sie fürchtete die alten Sachen, dabei gab es nur mehr deren leeren Platz.

In drei Tagen habe ich die Bilder von siebzig Frauen gesammelt. Morgen beginne ich damit, sie in ein Album einzukleben, und das nächste Mal reiche ich es im Bus herum, damit jeder an den Gesichtern ablesen kann, wie viel Zeit wir zurückgelegt haben.

Hinter uns Dörfer, vor uns Dörfer. Der Bus dreht sich im Kreis. Wir finden keinen Ausweg, unbekannte Zeichen wollen unsere Route ändern. Es gibt keine Schilder, wir können uns nur auf das Relief der Landschaft verlassen. Manchmal schicken uns alte Kilometersteine an neue Orte, am ehesten vertrauen wir auf die Wiederholung, wenn wir den Ort schon einmal gesehen haben, dann gelangen wir sicher nach Hause, denken wir. Unser Auge führt uns, und dazu braucht es Sinne, die in einem Interpretationslabor vollkommen verkümmern würden. Wir schauen auf die Wissenschaftler der Laboratorien hinab. Ich hatte schon vorausgesehen, dass wir die unbekannten Zeichen nur willkürlich platzieren könnten. Und damit wäre der Anblick abgehakt. Die Reise bleibt so unerklärlich, als wären wir gar nicht losgefahren.

Es ist uns beispielsweise eine große Freude – ich verstehe bis heute nicht, warum –, dass wir den ungarischen Popsender Radio Danubius auch hundert Kilometer nach den Gebirgspässen noch empfangen können. Wir geben damit an, noch immer zu Hause zu sein, als wären wir nie von dort weggekommen, dabei befinden wir uns schon bei Sighetul Marmației. Also hat unsere Reise doch begonnen.

Nur noch Erinnerung

Die Bukowina ist. Die Bukowina ist nur Erinnerung.

»Die sich niedrig dahinziehenden Hügel der Karpaten, die Wiesen von Suceava, die frostigen, winterlichen Tage in Czernowitz, der Mohn, die Mandelbäume, der Zusammensturz und schließlich die Spuren schlechter Versuche, diese Orte auszulöschen. Der Frühling ist da. Die Kartoffeläcker und Stoppelfelder unter meinen Füßen waren noch nass von kaum erst weggetautem Schnee. Aber an den Weiden längs der Bäche glänzten schon die Knospen, man konnte die Tage, die sie noch brauchen würden, um zu pelzigen Kätzchen aufzubrechen, an den Fingern abzählen, der Himmel würde wieder blauen und von feuchten weißen Wolken durchzogen werden, der Kuckuck bald von überall her rufen – ich aber war an meine Schuld gekettet.« So beschreibt der Schriftsteller Gregor von Rezzori die Landschaft.

Die alten Berichterstatter meinten, die Bukowina sei nur noch Text. Ein Roman oder ein Denkmal. Wo sind wir dann gewesen?

Ich bin mir unsicher. Eine Vergangenheit gibt es wirklich überall, aber hier ist allerorts nur die Vergangenheit zu sehen, einer Zukunft begegnen wir nirgends. Auf den Friedhöfen, in den Klöstern, in den Taten Stefans des Großen, auf seinen Bildern, in den Leben der Heiligen. Ständig breitet sich eine wahre und eine gefälschte Vergangenheit vor uns aus. Mit Skutschno im Herzen schlendern wir durch die Gegend und erkennen so ihr Janusgesicht. Die lachenden Wiesen sehen wir ebenso wie die schamlos nackten, traurig eingefallenen Häuser und die mit Spiegeln voll gestellten, außen mit Marmor verkleideten neuen Heime der Familien, die im Westen als Gastarbeiter schuften. Eine Zukunft würde ich das doch nicht nennen.

Wenn die Frühlingssonne aufgeht, sät sie ihr Licht im Osten. Aber sie behauptet nicht, uns die Zeit zu erleuchten. Wir können uns einzig und allein auf die Gegenwart verlassen, wenn wir ans Ziel gelangen wollen. Einen Sinn hat diese Reise nicht, nur einen Geruch, na schön, einen Duft. Und die beunruhigenden Vorgefühle löst der rumänische Ţuică bis Mitternacht. Da fragt den Reiseleiter keiner mehr, wie viele Zipser-Deutsche und wie viele Juden noch in dem rumänischen Dorf leben, in dem wir gerade trinken. Da fragt unseren Dolmetscher keiner, was auf der Speisekarte des nationalen Restaurants in Rădăuți steht.

Aus der Bukowina wurde die ungarische, deutschsprachige und jüdische Bevölkerung beinahe vollständig deportiert, ausgerottet oder ausgesiedelt. Aus der einstigen vielsprachigen, multikulturellen österreichisch-ungarischen und rumänischen Gemeinschaft hat man heute ein bukowinisches Volk gemacht. Wer der Gegend einen Besuch abstattet, erinnert sich unweigerlich an das Osteuropa einer entschwundenen Welt. Natürlich kennt unser Reiseleiter die verbliebenen Zipser, es gibt nur noch ein paar alte Leute, und die erzählen gern von der Vergänglichkeit des Lebens. Mit der Zeit wurde das zu ihrer Berufung.

VOLKSRENOVIERUNG

Das Land der Sachsen

»Von den armen Ungarn, von den armen Szeklern
lebte das Heer überall in Saus und Braus; zu unsrem freudigen
Wohlbefinden suchten wir die Herren und die Städte auf,
überall beschenkte man die armen Recken reich: nur das eine
Hermannstadt murrt und knurrt, nichts von ihren Gütern trugen
sie auf, alle wurden sie versteckt in einem geheimen Haus ...«
ZSIGMOND MÓRICZ, *Siebenbürgen*

Mit meinen Reisebegleitern fuhren wir an einen Ort, der angeblich beseelt ist. Die Rumänen sind, so heißt es, ungezähmt, unbändig, ein wenig rau, doch große Träumer. Ihr Nervenkostüm ist kosmisch, sie tragen das ganze offene Universum in sich. Allerdings wurde meist nur über sie gelacht. Ihr Bild von der Vergangenheit war einfach nur zu belächeln, die Geschichte ein abgerundeter Mythos auf ihrem Schreibtisch. Vor zweihundert Jahren bezeichneten die Reisenden aus dem Westen die Walachen noch abschätzig als Bauern, und diese hatten nichts, mit dem sie sich hätten wehren können, winkten nur mit Hacke und Mistgabel zurück. Sie waren tatsächlich Bauern. Dann kam die Zeit der Worte, die Romantik, und die Rumänen schrieben lauter schöne und erbauliche Sachen über ihre eigene Seele, so wie die Gelehrten und Dichter andernorts, hier bei uns, in Mitteleuropa. Es handelte sich dabei keineswegs um einen billigen oder geistlosen Eifer. Sie waren unschuldig, wollten die Fremden nur von ihrer Daseinsberechtigung überzeugen. Aber das konnten sie nicht. Oder doch? Im zwanzigsten Jahrhundert wurden sie bereits regelrecht ausgelacht, während man ihre Diktatur überaus fürchtete. Die Rumänen bestimmten die Anordnung der Region in diesem Jahrhundert schon maßgebend, sie drängten nach vorn, so gut sie konnten. Ihre Existenz war ärgerlich und herzergreifend zugleich.

Die Mehrzahl der Reisenden wusste kaum etwas mit ihnen anzufangen, lieber wählte man den einfacheren Weg, man sah auf diese Aufgeschlossenheit und Arglosigkeit, auf diese Desorganisation und Direktheit herab, mit der die Fremden hier empfangen wurden. Selbstverständlich bedachte man sie mit sehr viel hässlicheren Worten. Schade. Oder auch nicht. Es ist viel interessanter, sich mit einem falschen Bild auf die Reise zu machen als mit einem wahren. Die Wahrheit ist langweilig und abgegriffen, und wenn dies zutrifft, dann ist auch die Reise nur eine reine Wiederholung wohlbekannter Phrasen, die der Seele eines Volkes angehängt worden sind. Macht man sich aber mit einem vorab falschen Bild auf den Weg, so werden einem keineswegs sanft einlullende Worte zuteil. Statt dieser Worte sorgte der Ausflug nämlich für lauter Überraschungen.

Ein Fenster in die Zukunft

Wir machen uns mit demselben österreichischen Alpenbus auf die Reise wie in die Ukraine. Einige Plätze sind leer, viele haben ihre Buchung abgesagt, da sie mit nichts besonders Sehenswertem rechnen. In Siebenbürgen waren sie schon, dieser uralte Zwist kann ihnen wirklich keine Überraschung mehr bieten; die wildromantischen Schluchten und Almen sind alte Bekannte: langweilige

Kontrastpunkte zur riesigen ungarischen Tiefebene. Beim Anblick der leeren Plätze lässt unsere Begeisterung etwas nach. Dann machen wir uns breit.

Unsicher überqueren wir die Grenze bei Biharkeresztes: Gibt es das wohl, wegen dessen wir uns auf den Weg gemacht haben? Gibt es das noch, nach dem wir suchen? Die Festungen der Vorurteile sind stark. Wir blättern in den neuen Bänden des Verlags Cartographia, *Berge und Gewässer in Großungarn,* mit Beilage, das klogrüne Gebiet ist »derzeit unter walachischer Besatzung«. Dann verwerfen wir schnell die Politik. Doch ist es, als würde sie uns im Partium stets entgegenkommen, hier ist es schwer, den Konflikten aus dem Weg zu gehen. Am Straßenrand, in den Toiletten, beim Geldwechsel oder beim Einkauf taucht das eine oder andere erinnernde Zeichen auf. Tatsächlich auf recht selbstverständliche Art und Weise, neben dem Reichtum Trümmer, unter dem Fortschritt breitet sich barfüßiges Elend aus. Verlassene Fabrikgelände am Straßenrand, gleich hinter der Grenze. Ungekämmte, zerzauste Überreste der Diktatur. Dann lauter Überraschungen, die Straßen sind gut, und man kann alles bekommen, den neuesten Traktor und chinesische strassbesetzte Kulturbeutel, in jedem Dorf durchsichtige Gummistiefel und Schweizer Taschenmesser. Oradea ist mal wunderschön, mal abstoßend altmodisch. Die Jugendstilfassaden fallen aus dem Himmel beinahe auf uns herab, wenn wir zu ihnen hochblicken. Hinter dem Glasportal isst eine Fußballmannschaft im Mensageruch zu Mittag, Buchstabennudeln schwimmen in der Tomatensuppe. Die Vergangenheit besteht aus lauter Splittern, eingeschlagene Fensterscheiben, sozialistisch; die Zukunft: betoniert, gekachelt, italienisch, deutsch, spanisch. Die Stadt ist ein Gemisch von Asche und Staub, Glitzer, Rauch und Smog. Angeblich wandern die jungen Leute neuerdings auch von hier eher in den Süden aus, gerne und schnell durchqueren sie die Stadtmauer nach Cluj-Napoca und Bukarest, tanzend verlassen sie die Stadt, am Abend davor feiern sie noch unter den Palmen des Tarzan Casinos.

Überall wird gebaut. Dieses Land ist das Land glücklicher Erwartung, wir hatten ein bisschen mit etwas anderem gerechnet. Mit Zerstörung, Zerfall, langsamem Erwachen, langen Mittagessen und angenehm bedrückender, untätiger Siesta. Stattdessen setzen sich die Menschen in Bewegung, wenn sie uns erblicken. Sofort heben sie die Arme in die Höhe, die Bevölkerung lacht und winkt, das unrasierte und zerknitterte Gesicht verdeckt die offene und unverhohlene Freude; sie schneiden eine freudige und hoffnungsvolle Miene. Und Sie, worauf hoffen Sie? Auf alles. Im wahrsten Sinne des Wortes, hier glaubt man den Worten. Die EU ist eine Wunderwaffe. Ein Wortgewehr. Nichts Falsches ist an ihr, die Bewohner der Dörfer und Städte tauschen, ohne zu fragen, ihre Fahnen aus und hängen an die Stelle der rumänischen Trikolore die auf blauem Hintergrund aufgereihten, vereinten Sterne hinaus. Sie glauben daran, dass einer davon Rumänien ist. In Oradea sehen wir mehrere Mädchen, die ein EU-T-Shirt tragen, das die Wölbungen ihrer kleinen trichterförmigen Brüste betont, sie rauchen und dabei tragen sie die Sterne stolz wie ein Markenzeichen, das erste angenehme Kleidungsstück auf dem Weg zum Erwachsenwerden. Am liebsten würden sie auch zu Sportveranstaltungen und zur Arbeit darin gehen, wenn es möglich wäre, würden sie in diesem T-Shirt ans Schwarze Meer fahren, den Türken stolz erzählen, schaut her, wir sind drin.

Durch Rumänien zu reisen hat Konjunktur. Wir haben ein volles Programm, denn die Entwicklung, die zu beobachten ist, scheint rasant. Für uns ähnelt das Ganze einem Spießrutenlauf, wir stehen nur und schauen, leiden unter der Last unserer eigenen Seele, können uns nicht wirklich gehen lassen, denn ständig meinen wir, eine Lüge zu erahnen. Mehrere Hundert Jahre in zehn Jahren nachzuholen ist wie ein Kurzstreckenlauf. In den Einkaufszentren bekommen wir Plastiktüten, auf denen die Aufschrift *I love Europe* zu lesen ist. Wir sind sehr viel melancholischer als die Einheimischen, mit einem bitteren Geschmack im Mund überqueren wir die Grenze von einem Land zum anderen, um einzukaufen, und sind betrübt, wenn wir auf dem Parkplatz einer Mall eintreffen und uns fröhliche Farben umgeben. Wir stehen nur wie angewurzelt da, wie kann denen das gefallen? Wir schleppen uns geradezu aus dem ungarischen Pessimismus und der Lustlosigkeit in das lächelnde, rumänische Europa.

Dann wird die Stimmung beim Anblick der fröhlichen Umgebung und der sonnenbeschienenen Natur auch im Bus immer ausgelassener, sie kommt zum Höhepunkt: Hinten wird gesungen, in der Mitte fließen Wodka und Țuică, die Mititei mit Brötchen schmecken salzig und süß zugleich, vorne sind statt der Landkarte bereits die nach Gras schmeckenden künstlichen Weingummis der Hit. Doch kaum vergehen ein paar Stunden, ziehen wieder dunkle Wolken auf. Von einem Augenblick auf den anderen treten wir ein Jahrhundert zurück. Zwischen dem Anfang und dem Ende derselben Dorfstraße liegen mehrere Jahrzehnte, das erste Haus ist hypermodern, die Garage bis zum Dach gekachelt, dann ein Lehmhaus und am Dorfrand eine Hütte aus morschem Tannenholz. Im Schlammmeer rauchende Menschenköpfe. Weiße Rohrgestelle, rostige Rohrgestelle. Häuser in Schlüpferrosa. Abriss. Aufbau. Die Peripherie der Städte ist dieselbe, sie ist der Raum der Einkaufszentren: Metro, Cora, Obi, Praktiker. Auf dem Rückweg kehren wir ein, kaufen Oliven und Fischkonserven, denn die schmecken bei uns zu Hause doch nicht genauso.

Wir verlassen Oradea, Badeorte tauchen auf, himmelblaue Hotels mit weißen Marmormauern und riesige Werbeplakate für zu vermietende Zimmer, reicher balkanischer Neobarock. Attraktive Kitschdörfer. Hier und da erklingen spöttische Lachsalven aus den Fenstern unseres Busses, doch wir bekommen sie zurück, sie fallen uns geradewegs in den Mund. Ein Kaugummi, der kleben bleibt. Wir haben es verdient: Unser Zynismus ist in dieser Situation erbärmlich. Auch wir sind nicht anders als diese verputzten, klapprigen Gebäude, haben innen unsere Risse. Den neuen rumänischen

Geschmack sollte man überaus ernst nehmen. Die Mehrzahl der Paläste wurde von Eigentümern gebaut, die im Ausland arbeiten, sich noch dazu ziemlich ernsthaft in den italienischen und spanischen Geschmack hineinarbeiten. Es sind die Häuser von Zimmerleuten und Maurern, die derzeit Westeuropa bauen. Gleich bei zwei Häusern werden die Dächer ausgetauscht. In diesem kleinen Dorf des Komitats Bihor ist die Ziegelmauer nur ein Scheinhaus. Die sie gebaut haben, kommen nicht zurück, die meisten Häuser sind halb fertig und gähnen vor Leere, der Palast ist das Symbol für die Heimatlosigkeit seines Besitzers.

Wir sind auf dem richtigen Weg. Im Hintergrund der Paravents leuchtet die Kette des Bihor-Gebirges, die maiengrüne Grasdecke, zuerst Hügel, dann folgen Berge, die Gipfel sind noch schneebedeckt. Doch wir sind jetzt nicht auf dem Weg dorthin. Wir bleiben unten im Becken. Bemühen uns, den Weg zu beschreiten, auf dem seinerzeit die deutschen Kolonisten nach Transsylvanien gekommen sind. Unten, im Erdgeschoss, in Sicherheit.

Es sind derart viele morsche Legenden von ihrer Ansiedlung lebendig, dass sich die sächsische Vergangenheit nur sehr ungenau ermitteln lässt. Wollten wir das uralte Recht auf den Boden bestimmen, wäre es besser, wir machten kehrt. Nach Ansicht der Rumänen sind sie in der Mehrzahl. Die Sachsen sind ohnehin aus dem Rennen, sie wurden verkauft. Die Ungarn stellen noch immer Forderungen. Ebenso verspricht das Aufrechnen, wer in welchem Dorf zuerst da war, wann die Kirche gebaut wurde und welche Konfession den Grundstein gelegt hat, bis zum heutigen Tag ebenfalls ein gefährliches Sezieren zu sein. Wegen der Bauarbeiten gibt es unzählige Gräben, die Archäologen teilen ihre neuesten Entdeckungen wöchentlich in der Tagespresse mit. Meist handelt es sich um Funde aus römischer Zeit. Schnell eilen wir weiter, bevor noch jemand (oder jemandes Seele) unsere Route abändern könnte. Wir lassen uns nicht gerne in die jüngste Vergangenheit umleiten, und überhaupt, uns lockt ständig die Zukunft, oder es interessieren uns die ganz alten Dinge, jene Zeiten, als es noch keinerlei Mythos gab und auch keine Geschichte, als es gar nichts gab, nur jenes Nichts, das die Sachsen betraten, als sie nach Siebenbürgen kamen.

Wir erreichen das einstige Randgebiet zwischen Ungarn und Siebenbürgen. Weich und kahl. Wunderschön und voller Lücken. Drei Flüsse teilen es: Crişul Repede, Crişul Alb und Mureş. Doch keines der Gewässer können wir ausprobieren.

Die Sonne brennt fast, dabei ist es erst Mai. Auch hier ist die globale Erwärmung angelangt. Übermorgen müssten wir schon die Berge erklettern, auf dem Retezat würde uns frische, wilde, kühle Luft erwarten, Eis und rutschiges Moos, mit den außergewöhnlichsten Pflanzenarten und giftigsten Pilzen. Um diese Zeit bedeckt noch eine Schneedecke von mehreren Metern die wilden Grate, doch die Bären klettern schon nach unten. Bis dahin liegen natürlich noch viele Gräben vor uns, die wir irgendwie zu überqueren haben oder in die wir hineinfallen müssen, um dieses Land zu verstehen.

Baustelle Nation

Als ich ein kleines Mädchen war, bauten wir einen Zaun, weil wir ein Haus für das leere, frisch gekaufte Grundstück planten. Wir betonierten Pfosten in den Boden, spannten Draht dazwischen, innerhalb von zwei Wochen waren wir locker fertig damit. Es war Frühjahr, betonharte, warme Arbeit. Der Zaun stand nur für sich da und war schon ganz schön rostig, als wir Jahre später die Mauern des Kellers hochzogen. Als die Zimmerleute das Dach deckten, kippte der eine Pfosten des Tores um, er fiel auf unseren Hund, und der Draht riss an einigen Stellen, der Hund starb, er war alt und taub, auch blind, doch wir trauerten um ihn, ebenso um den Pfosten.

Das Haus wurde fertig, nur gab es keinen Zaun dazu. Mein Vater sagte, wir müssten dieses Tor renovieren, doch bis wir damit fertig waren, begann der Putz abzufallen, bekam die Ziegelmauer Risse. Die Zeit verging, und wir kamen in unserem eigenen Tempo voran. Zwei Schritte vor, einen zurück, manchmal stolperten oder fielen wir sogar in eine Baugrube. Wir verstanden nichts vom Hausbau. Oder nur unsere seelische Verfassung war so, dass wir, was wir konnten, hinausschoben. Die meisten Entschlüsse reiften zu langsam in uns heran; bis sie schließlich reif waren, gab es nur noch die alten Fundamente dazu; auf einen alten, schäbigen, heruntergekommenen Kranz hätten wir etwas ganz Neues bauen müssen, das gar nicht dahin passte, weder in der Farbe noch in der Form. So lief es, so konnten wir leben. Von Jahr zu Jahr übten wir die Renovierungsarbeiten besser ein.

Mit einer ungarischen Kindheit ist es leicht, in Rumänien zu reisen, alles ist klar.

Vorerst sehen wir, wenn wir aus dem Fenster des Busses schauen, rechts das Codru-Moma-Gebirge, links das Bihor-Gebirge mit seinen Dolinen und Höhlen. Es erinnert an die Niedere Tatra: Die slowakischen Hüttenwerke bohren sich in die Berge, es verbreitet sich der Duft der Menschen, die hier einst angesiedelt wurden, um Erz abzubauen. Es herrscht der Geruch von Erz und Holzkohle. Rundherum wallende schwarze Luft. Auf unserem Weg nehmen die Ethnien zu, und je weiter wir landeinwärts fahren, je höher wir gelangen, umso mehr Völker leben hier zusammengedrängt. Auch die Kirchen stehen enger. Griechisch-katholische Dörfer und einige reformierte. Nach Beiuş folgen Ţebea, Deva und Orăştie. Von Orăştie biegen wir dann nach Geoagiu ab, dort ist unsere Unterkunft in einem evangelischen Seelsorgehaus. Wir sind ein wenig aufgeregt, wie es mit den Betten sein wird, ob sie wohl lang genug sind, weich oder löchrig, wer mit wem in einem Zimmer schläft, ob es ein Bad gibt. Auf Zetteln teilen wir die leeren Plätze auf. Natürlich kommt nichts so, wie wir es geplant haben. Unsere Unterkunft sind siebzehn weiche, von Flöhen bewohnte Betten in einem Zimmer, mit einer Dusche, dafür sind aus dem Fenster der Toilette die

Gipfel des Retezat zu sehen, die wildeste und schönste Gebirgskette Siebenbürgens; auf dem Hof zwei Rotunden, eine stammt aus dem Mittelalter, selbst die Kameraleute, die mit uns reisen, entdecken sie erst am vorletzten Tag, so sehr fügen sie sich in den gepflegten Garten ein.

In der einen Rotunde ein Mantel und ein großes Gesangbuch, bunt gezeichnete Noten und Psalmen. Nur eine einzige ungarische reformierte Familie lebt in dem Dorf, und gerade über sie klagt der Hausmeister des Gebetshauses (über wen sonst?), dass sie nicht allzu regelmäßig komme, ja, ich spreche es aus, fügt er in einem andächtigen Singsang hinzu, sie sind viel in der Stadt. Der Pfarrer ist als Hirte allein beim Hüten ihrer Seelen. Die Kirche ist leer, sage ich klug, ach was, die Kirche ist nie leer, erwidert er, denn in der Kirche wohnt Gott, er lacht.

Beiuş ist eine Marktstadt, seinerzeit trafen hier die Waren aus der Tiefebene mit denen aus den Bergen aufeinander. Als Nordsiebenbürgen zu Ungarn gelangte, kam der Stadt eine wichtige Rolle zu. 1940, als Oradea damals von Rumänien abgetrennt wurde, floh die rumänische Intelligenz hierher. Es ist einer der aufregendsten Orte, nur sieht man es ihm nicht an. Von außen ist er öde und langweilig. Er besteht aus Plattenbauten und flachen Bauernhäusern. Ich suche Buchläden, Zeitungen, unsichtbare Requisiten einer alten, entschwundenen Kultur. Ich finde nichts. Wir sehen uns den Markt an, aber es sind nur staubige Straßen. Keinerlei entschwundene Kultur, was ist das für ein Unsinn. Schließlich finden wir einen nach E. Cioran benannten Buchladen, als hätte man ihn für unsere Augen gebaut, er ist leer. Später lese ich, dass Cioran bei Sibiu geboren wurde, in Paris lebte, doch überhaupt nicht über seine Heimat schrieb, sie nur ein einziges Mal in irgendeinem kurzen Text erwähnte. In diesem einzigen Hinweis erinnert er sich angeblich sehnsuchtsvoll an den wunderbaren Hauptplatz von Sibiu, vermutlich an den Großen Markt. Das ist nicht allzu viel von einem Philosophen. Ansonsten gibt es nichts in der Stadt, sie wurde mit

Plattenbauten vollgepackt, nachdem die bürgerlichen Häuser platt gewalzt worden waren. Auch hier verschwinden wie in den meisten siebenbürgischen Städten, wenn man aus ihrem Vorraum in das Zentrum tritt, plötzlich die dörflichen Häuser, um ihren Platz den rissigen, monströsen Gebäuden, den Objekten gigantomanischer Planwirtschaft zu übergeben. Die Städte sind aufregend, doch zugleich staubig und chaotisch. Meist vermeide ich die mit Heldendenkmälern versehenen Hauptplätze. Zum Glück gibt es nicht so viele davon, oder sie sind schon zerfallen, umgekippt. Es gibt kein Geld für Erinnerung.

Unsere nächste Station ist Rieni, hier in der Gegend wird Dosen-Wodka hergestellt und ein rotes, amorphes Getränk, bei dessen Anblick die Truppe im hinteren Teil des Busses aufschreit, *Drakulina* – dort sitzen die klugen Köpfe. Sie haben Durst. Sie müssen mal, oder ich muss mal, egal, ständig bleiben wir wegen ihnen stehen und trinken und trinken. Blaue und rote Milch. Manche von ihnen mögen den gelben Kunstalkohol, so etwas habe ich noch nicht gesehen. Hauptsache ist, in Rieni wird starker Schnaps gebrannt.

Baia de Criş Ţebea. Wir sehen uns das Denkmal für die rumänische Nationenbildung an. Wir schlurfen eher um die Skulptur herum, so ist es korrekter. Wir sind erschöpft von der ständigen, intensiven Aufmerksamkeit, von den vielen verworrenen historischen Fakten. Lange verweilen wir dort und raten, was hier geschehen sein mochte.

Einige Gräber und Bäume sehen wir, als wir näher herangehen, stellt sich heraus, dass es keine sind. Der Sturm hat in dieser Gegend in den vergangenen Jahren wiederholt Bäume umgeworfen. Vor uns steht der mit ein paar Tonnen Beton ergänzte Eichenstumpf Horeas, hier hatte der heldenhafte Anführer die Bauern aufgewiegelt. Laut der rumänischen Geschichtsschreibung hatten auch die Anführer der Französischen Revolution ein achtsames Auge auf ihn, nur beging er bedauerlicherweise dieselben Fehler wie später

Robespierre. Sein Aufstand war eine erfolglose Revolution und somit selbstverständlich ein Scheitern des Erwachens der rumänischen Nation. Von der einen Seite ein wunderschöner, dicker, alter Baum, von der anderen Seite eine Betonstütze. Der leblose, verfallende Stamm muss jährlich neu gestrichen werden. Es ist fantastisch, nicht zu umfassen, und man könnte sagen unbegreiflich, zu was die Natur fähig ist. Die verstümmelte Resignation auf dem Friedhof, soll dies das Symbol der siebenbürgischen Rumänen sein? Ja und nein. Mehr und weniger als das. Das ist schon die Gegenwart. Bald wird der Baum gefällt, weil er nicht weiter zu renovieren ist. Er wird gefällt, zerstückelt, zu Brei passiert, und es wird Papier aus ihm, aus dem Papier drucken sie Bücher, und in dem Buch denken sie sich neue Sätze zur Geschichte aus. Oder werfen es einfach nur ins Feuer, damit es wärmer wird.

In dem Laden neben dem Friedhof trinken wir wieder etwas, diesmal einen azurblauen Schnaps. Wir verlassen ihn fröhlich. In Ţebea stoßen wir noch auf die Spuren von Avram Iancu, dem Rechtsanwalt der Nation, der zum Ende seines Lebens in Wien wahnsinnig wurde, also verrückt, weil er dahintergekommen war, dass ihn die Österreicher hereingelegt hatten. Auch seine Skulptur ist etwas unförmig, aber gut, dass man in Târgu Mureş in der Hauptstraße neben der orthodoxen Kathedrale so Kaffee trinken kann, dass man nur Iancu sieht. Târgu Mureş entschädigt mich später bei einer anderen Reise für das, was ich in Ţebea gesehen habe. Iancu sitzt schneidig auf seinem riesigen Pferd, hebt die Hand, seine Haltung drückt Kraft aus, seine Gestalt ist mächtig, an seiner Seite das Schwert – eine ungebrochene Figur. Natürlich ist er das nicht. So wie unser Széchenyi auf dem Hauptplatz von Miskolc, er weint und tobt und brüllt. Es wird die Zeit kommen und man wird außer den Häusern die veralteten fixen Ideen der Ceauşescu-Ära wegräumen, die monumentalen Werke überdenken und neu schaffen, sie gegen etwas Kleineres austauschen, damit sie einen aufregenderen Anblick darbieten, und dann wird der Weg nach Sibiu wirklich langweilig, weil nichts von dem Diktator bleibt. Aber das liegt zum Glück noch in weiter Ferne.

Die Verschwörungen nehmen ein bitteres Ende, die nationalen Aufstände, die Intrigen – und die Geschichte Siebenbürgens ist voll damit. Daran ist nichts Besonderes, die Landschaft ist zerrüttet und zersplittert, chaotisch, verstümmelt. Fließend und schäumend, lauter dichte Wälder und unbändige Bäche säumen die Straße. Wilde Berge. Bedächtige Äcker. Aus dem Komitat Bihor führt unser Weg ins Komitat Hunedoara, in Ribița sehen wir uns gleich eine Kirche an, in der vor Kurzem ein Fresko von St. Georg und eines von St. Stephan gefunden wurde, aus den 1470er-Jahren. Es war ursprünglich eine römisch-katholische Kirche, dann wurde sie orthodox. Eine kleine ungarische Nationenbildung, die man so von der Wand kratzen muss. Wir kommen wieder vom Weg ab.

Wir sind im Komitat Hunedoara. Deva: Plattenbauloggien, grüne vierstöckige und rote zehnstöckige Betonklötze. Kassettenfenster, die Produkte der Busfabrik, als wären die Wohnungen Fahrzeuge. Eine Schlafstadt. Rohre und Häuser. Einsame, in sich gekehrte Menschen, sie sind nicht begeistert, kein bisschen sind sie es. Die Mehrzahl arbeitslos. In kleinen Trupps schlurfen sie mittags auf der Straße, manchmal laufen sie gegen einen Pfosten, jemand schläft in einem Schaufenster, sitzt dort den ganzen Tag auf einem Plastikstuhl, ich sehe nicht genau, ob es eine Frau oder ein Mann ist, oh, Entschuldigung, vielleicht ist es einer meiner Reisegefährten ...

Als der Betonblock um den Hauptplatz herum erbaut wurde, wollte man eine neue Epoche einläuten. Deva war während der Diktatur die Stadt der kulturellen und industriellen Revolution. Die Bauernhäuser wurden – als wichtige und offensichtliche Bestandteile der Dorfzerstörung – abgerissen und fortgeschafft, an ihrem leeren Platz sind die Plattenbauten Grabsteine. Die Dörfer sind doch stärker und unnachgiebiger, sind besser erhalten geblieben, und selbst die Straßen der sozialistischen Städte verströmen dörfliche Stimmung. Den ganzen Tag sitzen die Menschen in den

Fenstern, tratschen, ihr Getratsche ist Arbeit. Aus dem einen zehnstöckigen Haus rufen sie in das andere hinüber. Was gibt es billig zu kaufen? Wurde Fleisch geliefert? Taubensuppe? Țuică, Tschorba, Mititei. Coke, Milch, Fanta, Kaffee. Tauschgeschäfte, Hühner, Ziegen, Blumen, Plastikspielzeug, Obst – die Händler im Innenhof. Auf der Terrasse bauen sie Paprika an und trinken aus dem Brunnen.

Auf dem riesigen Platz von Deva, der gerade umgebaut wird, bietet die Bronzeskulptur des turnenden Mädchens einen überwältigenden Anblick. Die Skulptur besteht aus vier Bewegungen. Die Turnerin setzt zu einem Salto rückwärts an, doch bevor sich ihr Fuß vom Boden erheben würde, hält ihre Bewegung inne. Die Gravitation setzt ihn wieder auf den Sockel. Der Bildhauer wollte ein junges, starkes Mädchen darstellen, ruft aber nur eine komplexe Erinnerung hervor. Kleine Turnermädchen fallen mir ein, im Fernsehen sah ich sie mir als Kind an, bei Übertragungen von den Olympischen Spielen. Ihre Köpfe verschmolzen mit den Schultern, manche von ihnen hatten gar keinen Hals. Ich schaute mir gerne an, wie sie mit dem Band, Reifen, den Keulen im blau-gelbroten Turnanzug dahinflogen, im Rhythmus, niemals den Sprung verfehlten, am Ende der Übung nie einen Ausfallschritt machten, sich keinen Millimeter irrten. Sie konnten ihren Körper haargenau lenken. In der Diktatur taten sie dies natürlich unter der Lenkung anderer. Sie fuhren während der Übertragung in den Himmel, dann fielen sie zurück auf den Boden. Sie flogen fast, stürzten aber hinunter. Am Ende, als sie erwachsen wurden, zerbrach die Keule, zerriss das Band. Sie schienen frei, dabei war ihre Figur ein Gefängnis. Wenn die Übung zu Ende war und die Kamera ganz nah an ihnen dran, verbeugten sie sich mit ihren winzigen, unförmigen Körpern vor der Fangemeinde. Zuerst lächelten sie noch, sprengten die Form und erinnerten überhaupt nicht an den klassischen Diktator. Dann rechnete dieser Augenblick zu großer Nähe mit der sinnlichen Freiheit der Mädchen auf erschreckende Weise ab.

Man erlaubte ihnen nicht, groß zu werden, sie blieben so klein. Wenn sie gewannen, wurde der staatliche Kitsch der glücklichste Augenblick ihres Lebens.

Ein Gleis ins Nichts

Der Geruch von Roterz, nach Eisen schmeckende Landschaft.

Wir nähern uns dem Bergwerk. Die Landschaft wurde zum geschützten Reservat erklärt, so ist der Anblick der roten Eisengerippe noch deprimierender, weil man sie nicht fortschaffen kann. Sie neu zu bauen wäre das Sinnloseste überhaupt. Das Industriegelände ist endlos. Grenzenlos, und übertrifft jede skandalöse Vorstellung. Vielleicht wurde es deshalb erbaut. Etwas Derartiges habe ich noch nie gesehen, als wäre es eine Metapher, es hat nichts Wirkliches. Zwischen den Bergen, in dem naturgeschaffenen Becken bohren sich die roten Halden dicht beieinander in die Erde. Sie erstrecken sich über mehrere Kilometer. Das einstige Bergwerk beginnt im Poiana-Ruscă-Gebirge und endet im Jiu-Tal.

Die Industrie ist hier kein Zeichen der Entwicklung, wie die Aufklärer dachten, sondern der Vernichtung und der Abwanderung. Die Zivilisation ist ein siechender Skeletthaufen. Die Burg Hunedoara unterscheidet sich kaum von der Umgebung, mit brauner und roter Erzfarbe ist sie überschüttet. Angeblich bietet die Kunstrenaissance-Loggia von König Matthias das schönste Industriepanorama. Im nächsten Jahr wird man dafür bezahlen müssen. Als wären diese Skelettgebäude unfähig, ihrer Existenz ein Ende zu machen, sich dem Untergang zu verschreiben, zu zerfallen, zu Trümmerhaufen zu werden, sie begleiten uns ganz bis Geoagiu.

Einst begannen österreichische und slowakische Siedler mit dem Abbau von Eisenerz auf dem Oţelu Roşu, hundertfünfzig Jahre später legte sich das Erz auf das Andenken von János Hunyadi und das gesamte fünfzehnte Jahrhundert. Der schwarze Rabe ist rot. Wir betreten eine der Fabrikanlagen. Es gibt Bauern, die ihre Tiere auf den Halden weiden lassen, es ist einkalkuliert, dass jederzeit eine Eisenstange auf die Kuh fallen kann, doch selbst dann lohnt es sich. Hier gibt es mehr Gras als auf dem Weg oder entlang der Schienen. Die kleinen Loren begleiten das langsame Wiederkäuen regungslos. Es gibt Leute, die mehrere zehn Kilometer auf dem Pferdewagen hierherfahren, um ein paar Eisenstücke zu sammeln. Auch ihnen begegnen wir in der Fabrik. Der Wächter beobachtet sie seelenruhig, so wie ein stillstehender Waggon, mit dem Rücken zu ihnen, ihm ist es egal, wer im Parkverbot steht. Die Holzhütten stehen noch, die Garagen der einstigen Bergleute, Schuppen, Hobbyräume am Hügelhang, sie erinnern an ruhige, schwarze, smogverhangene Wochenenden. Leere Hundehütten, in denen nicht einmal streunende Hunde hausen wollen. Die Hunde bellen die Burgbesucher an und lecken mit blutigen Mäulern an den hingeworfenen Knochen.

Pferdewagen kommen durch das Tor des verbotenen Geländes. Die Stangen reisen auf dem Plateau mit. Glücklich lächeln ihre Räuber, vor allem Frauen und Kinder, sie freuen sich und sind begeistert, denn morgen werden sie etwas zu essen haben. Nach Meinung anderer hat das Bergwerk Arbeit und Brot bedeutet, man darf es nicht in den Dreck ziehen, abschreiben, ausradieren. Verschwinden lassen kann man es ohnehin nicht, besser wäre es zu schweigen. Freiwillig geht hier keiner fort, nur wenn man ihn vertreibt, nur wenn man ihn anschreit, verschwinde.

Rumänien zieht neue Wände hoch, spanische Wände. Fast eine Million rumänische Arbeiter arbeiten in Spanien, darunter die Familien des einstigen Industriegeländes von Petroşani, die sicher nicht mehr wiederkommen. Ein Haus ziehen sie noch für ihr Herz in einem der Dörfer in der Umgebung des Bergwerks hoch. Sie beginnen damit, beenden es aber selten. Auch hier sieht man lauter halb fertige Gebäude entlang der Straße, so wie hinter Oradea. Unfertige Paläste, nein, dies sind eher Ferienhäuser, Hobbyhäuser. Italien, Deutschland, Spanien wird das Zuhause.

Wir erreichen Orăştie – oder wie die Ungarn sagen: Sachsenstadt. Geoagiu ist nur noch fünf Kilometer entfernt.

Terra saxonum

Es heißt, es gab ein trotziges Volk südöstlich von uns, das um seine Häuser fürchtete; seine Vorräte, Speisekammern hielt es vor anderen geheim, seine Karren und Werkzeuge versteckte es. Weder den Magyaren noch den Szeklern oder den Walachen gab es davon etwas ab, es war pfiffiger als alle anderen. Geh bloß nicht zu ihnen! – rief man in Siebenbürgen. Dorthin, wo sie wohnen, machst du dich vergebens auf den Weg, die starken Burgen ihrer Städte sind nicht zu erobern, und es tut nicht gut daran, wer bei ihnen friedlich um Einlass bittet, doch auch der nicht, der mit Gewalt eindringen will, denn sie empfangen ihn nicht, sondern schlagen ihn zurück. Sie leben streng untereinander.

Siebenbürgen ist Vergangenheit. Das Volk, das diese Region so nannte, ist nicht mehr hier. Sie sind ausgewandert, zurückgegangen, egal wie wir es nennen wollen, nur einige Hundert sind geblieben; sie wurden verkauft, ausgetauscht, dem Mutterland zurückgegeben. Hätten wir von vornherein gewusst, dass es sie nicht mehr gibt, hätten wir uns gar nicht auf den Weg gemacht, das ist klar. Doch als wir am vorletzten Tag in Orăştie eintreffen und von dort geradewegs nach Sibiu weiterfahren, wird sonnenklar, dass in Siebenbürgen sehr wohl noch Sachsen leben. Als wären sie einer Fotografie entsprungen. Die Häuser sind frisch verputzt, sie haben große, hohe Steintore, wie vor hundert Jahren; ihre Felder pflügen sie mit Traktoren, sie gründen Schulen, evangelisieren, drängen auf den Kapitalmarkt, und die Bauern bereiten sich schon auf die Ernte im Sommer vor.

Ausprobieren wollen wir schon, ob sie echt sind. Wir klopfen bei ihnen an, und sie öffnen die Tür. Wir gehen hinein, dann bringen sie uns nach hinten und zeigen, was sie haben. Der Hof ist sauber, das Bauernhaus reich, ihre Geräte sind die modernsten aus der EU, aber natürlich haben sie auch alte Gerätschaften, Holzeggen, Hacken, Karren, diese sind nur mehr Zierden an den Hauswänden, so wie in der Schweiz. In den Dorfhäusern in den Alpen; an den Zimmern zeigt sich der Fleiß, frischer Geruch strömt aus den Schränken. Stolz zeigen die frischgebackenen sächsischen Bauern (Emil, Petru, Constantin, Theodor und Mihai: Erwin, Hans, Joachim und Franz) ihre geheimen Bauernhäuser, sie sind die Gewinner des siebenbürgischen Bevölkerungsaustausches. Die alten Sachsen hätten uns vielleicht gar nicht hereingelassen.

In Osteuropa gibt es wohl nichts Aufregenderes als die verlassenen Orte. Löcher in den Straßen, Löcher auf den Feldern, den Wegen; dann plötzlich auf den Lumpen der Reichtum, die üppige Flora, Wälder, Bäche, Wasserfälle und Berge, lauter Schmuckstücke. Plötzlich ist auf dem Nichts das Etwas, das ich bislang noch nie gesehen habe, auf dem Platz eines verschwundenen, vertriebenen Volkes ein ebensolches. Fleißig, sauber, sparsam, draufgängerisch, trübselig, freundlich, eigen, fremd, dünn, klein, snobistisch, dick, engelsgleich, erschreckend, aggressiv; ein Typ und kein Elend. Das sächsische Paradigma steht über jeder ethnischen Frage. Mit unseren eigenen Augen sehen wir, wie an dem Platz der einstigen Sachsen eine andere Nationalität auftaucht, die rumänische. Jene Art von Rumänen, deren Seele sächsisch ist. Und wenn sie sächsisch ist, dann eigentlich luxemburgisch.

Die Chroniken erzählen, die Sachsen hätten sich noch zur Zeit der Kreuzzüge von Westen auf den Weg gemacht, seien vor achthundertfünfzig Jahren hier eingetroffen, doch bis heute weiß man nicht genau, woher. Aus Luxemburg oder aus dem Gebiet von Rhein und Mosel, vielleicht aus Flandern? Wald und Lehm fanden sie hier, und das hat ihnen sehr gefallen. Géza II. garantierte ihnen ihre Ansiedlung, im Tausch erwartete er von ihnen die Bestellung von Sumpf und Moor sowie die Verteidigung der südlichen Grenze. Die Sachsen zogen damals schließlich ganz bis zum Pasul Turnu

Roşu und gründeten drei Siedlungsgebiete (Gemeinschaften), das Zentrum eines davon ist Sibiu, mit deutschem Namen Hermannstadt, das Ziel unserer Reise.

Nein, die Sachsen sind nicht auf dem Rückweg von den Jerusalemer Kreuzzügen hier geblieben, sie fanden solch einen Gefallen an dem fetten Boden, an den dichten Wäldern, dass sie diese Gegend sogleich als ein von Gott gegebenes Paradies betrachteten. Eines ist sicher, die Sachsen sprechen eine rheinisch-fränkische Mundart und ein luxemburgisches Deutsch, daher kann man sie kaum verstehen. Die heutigen Sachsen aber (schon mit einer etwas rumänischen Seele) sprechen überhaupt kein Deutsch, und doch meinen wir, sie zu verstehen.

Die fleißigen Siedler, die Soldaten der Arbeit, machten aus dem Schlamm und den schwarzen Wäldern innerhalb einiger Jahre Äcker und zogen auf dem Hügel die dicke Mauer der Stadt Sibiu hoch. Sie gründeten die begehrenswerteste Hauptstadt Siebenbürgens, begehrenswert, doch uneinnehmbar. Die aus Moldawien, der Walachei oder von andernorts hierher ziehenden Familien übernehmen jetzt die tugendhaften Gewohnheiten, den Schlamm der Diktatur aber putzen sie, so schnell es nur geht, fort.

Die Sachsen hatten für jede ihrer bösen Taten mindestens einen sicheren Grund, denn ständig wollte man ihnen nehmen, was sie hatten. Achtsam und höflich reichten sie jedem die Hand, wenn man ihnen aber etwas mit Gewalt entwendete, nahmen sie listig Rache. Die Romane beschreiben sie als fromme, hilfsbereite Menschen, die die Gemeinschaft mögen, die Lüsternheit der Ungarn und ihre Sprunghaftigkeit aber nicht ausstehen können. Wem Hermannstadt gehört, der hat zu ganz Siebenbürgen einen Schlüssel, sagt Gábor Báthory in einem Roman von Zsigmond Móricz. Der Fürst entschied vermutlich aus diesem Grund, die gesamte sächsische Gemeinschaft niederzumetzeln. Zum Glück gelang es ihm jedoch nicht, seinen Plan auszuführen, so blieb einige Zeit, die reiche Ware zu retten. Von dem Wein, den die tapferen Sachsen ihnen geschenkt hatten, betranken sich sowohl der Fürst als auch seine Heiducken dermaßen, dass sie einige Stunden nach ihrem Einmarsch allesamt im Rausch um das Rathaus herumlagen, der Anführer aber war noch im Treppenhaus gefallen.

Als Báthory den Oberrichter Sibius ins Verhör nahm, wie dieses kleine Volk zu so viel Vermögen gekommen sei, mit welchen Spitzfindigkeiten es Handel treibe, da sagte der Richter nur, die Bürger arbeiten, mein Herr. Báthory empfand die Wahrheit als eine Frechheit, schlug wütend um sich und zog gegen Sibiu. Nun ja, er war eben ein Soldat ohne Verstand, dem es schließlich doch gelang, eine Speisekammer von der Größe einer Stadt zu überfallen.

Nach einer verzerrten und hässlichen mittelalterlichen Verallgemeinerung sind die Sachsen ein in sich gekehrtes Volk.

Als wir uns auf den Weg machen, liegt das Jahrhundert der Báthorys schon weit hinter uns. Und wir wissen bereits, wie achthundert Jahre später, Ende des zwanzigsten Jahrhunderts, die Deutschen aus Siebenbürgen verschwinden. Ab den 1970er-Jahren kaufte die Bundesrepublik die Familien einfach frei, anfangs für fünftausend, später für zehntausend Mark pro Kopf. Ceauşescu gab die »Fremden« gerne her, zusammen mit den Banater Schwaben wanderten ganze Dörfer zurück in ihre »Heimat«. Sie machten ohnehin nur Probleme, waren allzu zähe Menschen, die zur Zeit des nationalen Kommunismus Ceauşescus mit ihrer Religion und ihrer Geschichte für Unannehmlichkeiten sorgten, man konnte sie nur schwer brechen, selbst die pfiffige kulturelle Revolution lehnten sie ab und wollten ihre Dörfer nicht zu Städten anwachsen lassen, auch ihre Aussagen als Spitzel und ihre verräterischen Meldungen waren alle falsch. Sollen sie doch gehen, sagte man, das sei für alle besser so.

Es wären auch der Fleiß und die Sorge, die Sauberkeit und die Disziplin, die Ausgrenzung, der Geiz und die Knauserigkeit verschwunden, nur sind sie es nicht; die Höfe der Sachsen stehen noch, manche schöner als je zuvor, manche verwittert, verfallen, doch werden sie jetzt vielleicht neu gebaut.

Sachsen, Ungarn, Rumänen.
Rumänen, Ungarn, Sachsen.
In Siebenbürgen hat die Volksrenovierung eingesetzt.

Der Retezat und das unschuldige Lamm

Dieser Winkel der Erde verspricht einen fantastischen Anblick, denselben hundertmal. Industrie und Natur stehen einander gegenüber, die ruhmreiche Vergangenheit wechselt sich mit der verschlafenen Zukunft ab, nichts Besonderes. Wieder fahren wir an den Skeletten verlassener Knochengebäude vorbei, nach und nach tauchen die Hotels und Herbergen auf, die für die Besucher der Industrieanlagen gebaut worden sind. Das hat doch etwas von einem Traum, wir sind Zeugen eines langsamen Zerbröckelns. Restaurant, Kasino, Wettbüro, Spielautomaten – in jeder Hotellobby genau in dieser Reihenfolge. Erschreckender Trubel hinter den Mauern. Wir durchqueren die Rostanlagen Erholungsuchender. Ich hätte nie in meinem Leben gedacht, dass ein solcher Flecken Erde eine Sehenswürdigkeit sein könnte. Wir stehen im absurdesten Winkel der Welt einige zehn Kilometer vor Sibiu, nur einige zehn Kilometer vor der Stadt. Dies wird es sich wirklich lohnen zu notieren und zu erinnern, wenn wir zu Hause zufällig gerade einen guten Tag haben und des Lachens müde sind. Oder wenn wir um jeden Preis zu den Gewinnern gehören wollen.

Bevor wir das Tal verlassen, wandelt sich die Umgebung zu einer Mondlandschaft. Steine über Steine, Steine unter dem Eisen. Dakoromanische Knochen, einige römische Siedlungen, Densuş – ein Spiel um Wahrheit oder Lüge –, eine Kirche aus römischen Steinen und die Überreste einer Römerstraße. Wir erblicken die Provinz Dacia, ein gewaltiger Klecks zwischen den Ausgrabungen des sozialistischen Bergwerks. Auf dem Gelände des einstigen Bades ein Gemüsegarten, die Steine liegen verstreut. Die im Laden gekauften

Neonsüßigkeiten sind ebenfalls ein Industrieprodukt, Plastikdessert. Währenddessen lungern erneut streunende Hunde hungrig um den Bus herum, sie sind von dem Industriemüll herübergekommen, um jeden Krümel winseln sie. An der Straße tauchen wieder und wieder die leeren Rohrhäuser auf, ohne Fenster, mit Vorhängen, gerade umgekehrt wie im holländischen Delft.

Unterwegs klettern wir noch auf den Retezat, manche gelangen sogar fast bis zum Bucurel-Sattel. Wir aber, die wir auf der ersten Lichtung stehen geblieben und nur bis zur Schneegrenze hinaufgegangen sind, können uns im Tausch bei einer Herberge mit einem einstigen Bergmann unterhalten. Er ist der Einzige im Bezirk, der etwas über die Schande murmelt, darüber, dass er seine Arbeit verloren hat. Aus dem Jiu-Tal kommt er alle zwei Wochen zu der Berghütte herauf. Zuerst spricht er kaum, dann löst sich seine Zunge, als wir ihn auf Ungarisch fragen. Seine Zähne sind nach vorn gekippt. Er spricht die erlernte Sprache fehlerhaft. Er gehe gerne noch weiter hoch als die Hirten, sagt er, allein, hier ist es gut, nicht? Wie ist es in der EU? Schlecht. Hier ist es auch nicht wirklich gut, aber in der EU ist es am schlechtesten. Hier ist es schon besser als unten, aber früher war es am besten. Die Menschen hier sind schamhaft, sie erinnern sich nicht gern. Gewöhnlich schweigen sie. Und warten. Worauf? Na, auf die ziellose Zukunft, lächelt er mit seinen schwarzen, rußigen Lippen. Die optimistische Vision von der Zukunftslosigkeit erscheint heiter auf seinem sonnengegerbten Gesicht, er dreht sich um und lässt uns stehen. Die Bären beobachtet er, durchstreift den Wald, sammelt die Zigarettenstummel und den Abfall der Touristen auf, er ist allein und glücklich. Das Tal wurde ihm gestohlen, jetzt gibt es für ihn nur noch den Berg; den wundervollen, wilden, schwarzen Berg.

Bergab, etwa auf halbem Weg beschließt Péter, ein Schriftsteller aus Debrecen, im Dorf ein unschuldiges Lamm zu kaufen. Den Kauf erledigt der Busfahrer, er ruft bei einer Familie an. Das Kochen übernimmt der gutherzige Schriftsteller, gemeinsam mit Attila. Wie

Helden betreten wir den Hof, um dem Lamm die Haut abzuziehen, doch als wir das zitternde Tier erblicken, vergeht uns die Lust am Gulasch. Nun ja, wir sind eben empfindliche Mädel aus der Stadt, das ist die Wahrheit, und romantische Frauen sollten sich das Häuten nicht ansehen, weil sie dann zittern wie das unschuldige Lämmchen. Das nach Lamm riechende, mit Cannabis gewürzte Gulasch ist am Abend ein sehr viel schönerer Anblick als die abgezogene Haut, das blutige Fell und die abgeschnittenen Hufe, an denen die Hunde so behaglich lutschen.

Ich bin Sachse

Am nächsten Tag stehen wir früh auf, wir machen uns auf den Weg zum Endpunkt unseres Ausflugs, nach Sibiu. Wieder folgen wir den Spuren der Alten, dabei interessieren uns die neuen Dinge, doch wir taumeln nur vom gestrigen *Pálinka,* dem Obstbrand, und dem schmackhaften Fleisch. Wir sammeln die acht Verwaltungseinheiten, die *Stühle*, zusammen: zu Deutsch Broos, Mühlbach, Reußmarkt, Hermannstadt, Leschkirch, Großschenk, Reps, Schäßburg. Endlich betreten wir die *Terra Saxonum*, unsere Haltung wird irgendwie aufrechter. Hier leben die Sachsen. Sebeş ist unsere erste Station, wo die dicht aneinandergebauten Steintore schon gut zu sehen sind, auf den Dächern Biberschwanzschindeln. Der Schlamm wird langsam trocken, der Staub verfliegt. Es gibt nichts Neues, alles ist alt, die Stadt ist wieder so, wie sie einmal war.

Wir wissen, dass wir im Land der Sachsen, auf dem Königsboden, angekommen sind, weil uns glänzende Audis, BMWs und VWs entgegenkommen, die deutschen Sponsoren. Die in Siebenbürgen sonst üblichen Renaults und Dacias verschwinden. Eine geschmacklose und provinzielle kleine Schweiz! Reich und glitzernd. Sibiu wetteifert blitzblank mit der Sauberkeit von Zürich, Basel oder St. Gallen. Es könnte vielleicht noch Nürnberg sein oder Konstanz, doch am ehesten keines davon. Nur die Kulisse für Dreharbeiten. Wir kommen in den geografischen Überresten einer achthundert Jahre alten Stadt an, die genauso aussieht, als wäre sie aus Pappe ausgeschnitten. Sibiu ähnelt in Wirklichkeit einer verlassenen Insel, die für einige Minuten neu besiedelt wurde.

Die Altstadt, so scheint es, wurde exakt renoviert, man könnte sich auch nach einem Stadtplan aus dem neunzehnten Jahrhundert in ihr zurechtfinden. Die Stadttürme der Zünfte stehen genau dort, wo sie ursprünglich errichtet worden sind. Der Kleine Markt, der Große Markt und die Patrizierhäuser, alles hübsch hergerichtet, wir sehen sie in ihrem ursprünglichen Zustand. Nur außerhalb der Stadtmauer gibt es neue Gebäude. Die Rekonstruktion ist so gut gelungen, dass man die Zeiten durcheinanderbringen könnte. Die Vergangenheit ist eher jetzt, und was vor Kurzem war, von dem hoffen wir, es wird sich nie mehr ereignen. Nur die Mundart richtig zu treffen ist noch schwer. Guten Tag! – winkt der Roma, der Kesselflicker, als wir ihm beim Turm des Rathauses begegnen. Yes, Tourist, Grüße, sagt mein Liebster, da er nicht gut Deutsch kann oder nur weil er überrascht ist, auch der Roma kann es nicht entscheiden. Von da an antwortet er auf alles, was wir ihn fragen, Yes. Sachse, yes, yes, deutsch, yes, ungarisch, yes. Auf Wiedersehen! Wir grüßen und yes!

Wir rennen schnell fort. Nach einigen Ecken finden wir nicht weit hinter dem Großen Markt das älteste Haus der Stadt, dessen Renovierung von der Volksbank finanziert wurde. Während wir Fotos davon machen, tritt jemand zu uns, mit seinen spärlichen Deutschkenntnissen beginnt er vom Ursprung des Hauses zu erzählen, er spricht in einer merkwürdigen Mischsprache. Deutsche?, fragt er. Nein, antworten wir, und als hätten wir ihn gefragt, ruft er: Yes! Also dass er Deutscher ist, so wie der Roma vorhin! Nein, ach was, wir nicht, überhaupt nicht, aber das interessiert ihn nicht. Ich bin Sachse – sagt er mit merkwürdiger Aussprache und lächelt. Nicht Rumäne, nicht Ungar, nicht Szekler, damit es klar ist, Sachse.

Der deutsche Geist durchweht die Straßen der Stadt wie der Luftzug beim Sturm die Zimmer. Alles wirbelt er auf, fegt es hinfort, schreibt es neu. Die neu gebackenen Sachsen verputzen eifrig wie die Ameisen die uneinnehmbare Burg, rekonstruieren die evangelische Kirche, stopfen jeden Verrat, die kunstvollen Tore und der Narrenkäfig sind wieder die alten. Ein uneinnehmbares Bollwerk: Sibiu. Die Schriftsteller schreiben keine Lügen, und der Bürgermeister pflegt offen deutsche Beziehungen. Eine glitzernde und glänzende, geschrubbte Stadt, ein gesponsertes Modell. Am Tor des Hauptplatzes, fast unsichtbar verborgen, die Globalisierung, Vodafone und McDonald's. Niemand fragt, wer du bist, denn hier bist du sicher Sachse. So wie auch wir Sachsen werden, dabei verbringen wir nur einige Stunden im Gösser und in der Dönerbude. Am besten schmeckt doch der türkische Kaffee.

Die Stadt kann etwas, das dieser Winkel Europas wohl noch kaum gesehen hat. Innerhalb von ein paar Minuten wechseln die neuen Bewohner des Gebietes ihre Identität. Seien es Bauern, Hirten, Bürger oder sozialistische Arbeiter. Türken, Bulgaren, Szekler, Tschangos. Mir gefällt deshalb die Brücke der Lügen in Sibiu am besten. Die Schulkinder springen so ehrlich auf ihr herum. Hier braucht es nun wirklich keinerlei Fantasie, und schon treten wir auf einer lebenden Legende. In Rumänien wurde das Volk, von dem man glaubte, man hätte es verschwinden lassen, tatsächlich wieder ins Schaufenster gestellt.

Ameisen, mein Schatz. Das ist Europa. Arbeitsmoral, Fleiß, Treue, solch kluge Sachen sagt Tamás, mein Liebster, als wir auf dem Großen Platz am Brunnen stehen und ich schon dringend auf die Toilette muss, weil wir so viel deutsches Bier getrunken haben. Ich gehe in ein EU-Café, setze mich auf das EU-Klo und wasche mir die Hände in einem EU-Waschbecken, trockne sie mit einem luxemburgischen Handtuch ab. Als ich zurückkomme, steht mein Liebster mit einer EU-Fahne da. Während der ganzen Zeit hat er mich nur um dieses eine Bild von sich gebeten. Es war das gelungensteLächeln der ganzen Fahrt, denn Tamás blickt darauf tatsächlich begeistert in die Zukunft. Mein Liebster, der mich dieses Mal begleitet hat, war von allem enttäuscht. Denn nichts war so wie in den Büchern über Osteuropa. Sondern so wie in seiner grenzenlosen Fantasie.

NICHT GERADE, SONDERN KRUMM UND GELB

Czernowitz

»Direkte Beförderung ohne Umsteigen
mit den rühmlichst bekannten Doppel-
schrauben-Post- und Schnelldampfern
von Hamburg nach New York, Canada, Brasilien,
Süd-Afrika, dem La-Plata und Ost-Asien.«
Illustrierter Führer durch die Bukowina

Wie weit ist doch die Welt, betrachtet man sie von einem ihrer kleinsten Punkte aus. Und wie klein, steht man am berühmtesten Punkt der Weltkarte. Wo genau sind aber diese Punkte? Wo befindet sich die Mitte der Welt und wo die versteckteste Stadt?

Die Mitte der Welt liegt ungefähr auf dem halben Weg in Richtung Bukowina, und fast dort findet man auch die versteckteste Stadt der Welt. Wir befinden uns südlich von Galizien, östlich der Region Maramureş und nordwestlich von Moldau. Bis hierhin führt ein gerader Weg, und wenn wir durch die Täler und Schluchten der Karpaten kommen, dann ist es wirklich nicht mehr weit bis zu den Salzgruben von Solotwyno. Wir fahren auf der Straße aus Berehowe geradewegs nach Czernowitz führt. Mit dem Zug lässt sich die

Strecke in siebzehn, mit dem Auto oder Bus aber in fünf bis sechs Stunden zurücklegen. Den Zug sollte man also nicht wählen, er macht solche Kurven wie die Geschichte in dieser Region, während sie die Welt in unglückselige und noch unglückseligere Gesellschaften aufteilte. Mal verlaufen die Schienen auf der rumänischen, mal auf der ukrainischen Seite, die Grenzbeamten halten einen mehrmals an, und gibt es Hochwasser, dann regen sich die Waggons nicht von der Stelle, sogar die Busse und Autos bleiben stehen.

Nach Czernowitz zu gelangen war viel schwieriger, als wir zunächst dachten. Dabei hatte schon das Wiener k. u. k. Militärgeographische Institut zwischen 1873 und 1913 gründliche Messungen in diesem Gebiet vorgenommen. Damals hatte man das Höhensystem und an der Oberen Theiß, gegenüber dem Berlebaska-Gipfel, den Mittelpunkt Europas markiert, aber es gibt auch Beschreibungen, nach denen es sich hierbei um die Mitte Mitteleuropas handeln soll. Die einfachen mathematischen Berechnungen untermauern zwar nicht, dass es hier irgendeinen Mittelpunkt gäbe, aber zur Jahrhundertwende wurde doch unglaublich rasch ein entsprechender Obelisk errichtet, auf dem folgende Inschrift zu lesen ist: *Ewiger Punkt, der mit einem außergewöhnlich genauen Vermessungsgerät Österreich-Ungarns nach den europäischen Längen- und Breitengraden festgestellt wurde.* Die Bewohner des östlichen Teils der Monarchie nahmen das damals zufrieden zur Kenntnis und waren gewiss für eine Weile beruhigt.

Natürlich habe ich nicht die Wahrheit gesagt: Der Weg ist nicht gerade, sondern krumm. Vergebens der künstliche Mittelpunkt, der Fußweg ist zwar ausgetreten, aber bleibt doch unsicher. Auf dem Weg nach Czernowitz gelangen wir bald an den Rand der Dinge. Erst weiter oben, als wir die höher gelegenen Orte entlang der Theiß erreichen, wird alles glatter. Wir sind unterwegs zu den Ortschaften Nyzhnja Apscha, Serednje Wodjane, Werchnje Wodjane und Wodyzja, auf den Hügeln stehen Holzkirchen, mit weichen Teppichen gefüttert, selbst in der beißenden, regnerischen Kälte verströmen sie Wärme – rot, purpurn, violett. Sie sehen wie mystische Holzbuden aus, dabei handelt es sich um mehrere Hundert Jahre alte Gebäude. Dahinter jeweils ein kleinerer Friedhof, nur einige Gräber an der Seite der Kirchen, regelrecht mit dem Körper des Hauses verwachsen. Wir gehen noch weiter bergauf und befinden uns nun zwischen eingefallenen Hütten. Von hier aus sehen wir bereits die neu gebauten Theiß-Brücken und können zwischen den Bunkern der einstigen Árpád-Linie Slalom laufen. Genau genommen befinden wir uns auf einer Wiese zwischen den Dörfern Kostyliwka und Dilowe. Europa kümmert uns jetzt nicht mehr, wichtig ist: Wir nähern uns unserem Ziel, das wir uns für den ersten Tag gesteckt haben. Wenn wir Rachiw verlassen, gelangen wir nach Jassinja, an die Quelle der Schwarzen Theiß, wo wir die erste Nacht verbringen. Hier beginnt (und endet zugleich) der Fluss.

Das Besondere dieser länglichen Wiese ist, dass sie schwarze Wälder und hohe Gipfel säumen, die sanften Abhänge fehlen vollkommen, alles geschieht plötzlich, Übergänge sind der Natur hier nahezu fremd. Auf das Tal folgen Abgründe und steile Wege. Der zweitausend Meter hohe Bergrücken des Tschornohora-Gebirges, der Schwarzen Berge, breitet sich vor uns aus, seine gewaltigen Massen fesseln unseren Blick. Der Körper ist finster, der Scheitel leuchtet, die Gipfel sind noch schneebedeckt. Hinter den Berggraten beginnt das uns bereits gut bekannte bukowinische Hügelland, das Land der Huzulen und Chassidim. Nach der Überquerung der Flüsse Suczawa und Sereth erreichen wir das einstige Ackerland und betreten damit endgültig das Land der Widersprüche, mit Unkraut überwucherte und bestellte Felder, über die der kalte, beißende Frühlingswind weht, die Erde ist nass, doch haben wir Glück, am nächsten Tag erwartet uns strahlender Sonnenschein. Betrachtet man die Menschen, scheint der erste Sonnenstrahl deswegen so brennend wichtig, damit er neben dem Regenwasser auch die vergossenen Tränen trocknet. Der Frühling reinigt die aufgewühlten bukowinischen Seelen mit seinem starken, gelben Licht.

Der Waldjude

Doch bleiben wir noch ein wenig in den Bergen. Es ist lohnenswert, sich umzuschauen und zu verweilen, denn wir finden hier ganz außergewöhnliche Gesprächspartner. Es sind seltsame Menschen, die hier im Wald wohnen, sie leben allein und wissen doch alles von der Welt. Manche meinen, es lohne sich gar nicht, bis ins bukowinische Sadagora zu wandern, um listige Worte und mystische Gedanken zu hören, hier in der Finsternis würden einem viel bessere Geschichten erzählt.

Die Chassidim im Wald am Tscheremosch, ja, die wissen etwas. Einmal hat jemand gesagt, sie seien die wahren Pessimisten in dieser Gegend, denn wenn sie eine Katastrophe voraussagen, dann haben sie am Ende recht. Die alten Bücher aber raten uns, nicht zu erschrecken, wenn sie uns in ihren lumpigen Kleidern entgegenkommen. Sie sähen heruntergekommen aus und ihre Haare stünden zum Himmel, das stimme zwar, aber auch dann sollten wir nicht vor ihnen davonlaufen, denn es gebe Dinge, die wir gar nicht bemerkten, doch die später wichtig sein könnten.

Es ist kalt, und dunkler Dunst zieht zwischen den Bäumen dahin. Die Zweige gleichen in Milch getunkten Wurzeln, nirgends eine Knospe oder ein neuer Trieb. Keine Bewegung, nur hier und da tropft etwas Wasser von den Ästen. Reglose Stille, wir sehen kaum etwas. Auf einem unendlich anmutenden Bergpfad klettern wir nach oben. Er ist in mystischen Nebel gehüllt, ebenso wie das Tal. Nur Gottesfürchtige können hier wohnen, denn je weiter wir nach oben klettern, umso verlassener und finsterer ist alles. Der höchste Gipfel ist hier der Pip Iwan mit 2028 Metern, seine schwarzen Schluchten wären gut zu erkennen, wenn uns nicht überall dichtes Weiß umgeben würde. Ein Wunder, doch einst war dieser Berg Heimat von Griechen, Römern, Juden und Ruthenen, und man kann sich gar nicht vorstellen, wie viele sich hier vor der Welt versteckt hielten.

Der Bergpfad hat ganz genau siebenundachtzig Kurven, denn ein Chassidim hat sie gezählt. Und wenn die Felsen sich einmal von den Bergen am Tscheremosch lösten, würde das die ganze Welt vernichten! Besser, wir passen also auf, wohin wir treten.

Es lebte hier einmal ein großer Mann mit Namen Frank, der die Welt bereist hatte, so erzählt der Gastwirt vom Tscheremosch, lese ich später in meinen Aufzeichnungen, und er fügt hinzu, es gäbe keine feinere Art des Reisens, als mit dem Floß durch die Landschaft zu fahren! Wir hätten wohl gar nicht gedacht, dass hier Menschen leben. Und was wohl noch merkwürdiger sei: Juden. Funt, der Gastwirt, erklärte damals uns, den Reisenden, die sich hierher verirrt hatten, den ganzen Abend lang, was das sei, ein Waldjude.

Wir steigen den Berg hinab, genauer gesagt fliehen wir und gelangen an einen Ort, der uns in eine Zeit hundert Jahre später entführt. Am Flussufer begegnen wir keinem einzigen Floß und keinem Flößer mehr. Das Wasser rauscht ohne Passagiere zwischen den Steinen. Von dem Juden haben wir auch erfahren, dass sich im vorigen Jahrhundert die Baumstämme von hier auf den Weg nach Kuty machten, aber manchmal wurden sie sogar bis nach Szeged getrieben.

Die Theiß kräuselt sich. Schwarze, gelbe Kreise, nicht allzu freundlich. Ein Gasthaus finden wir nicht, und auch die Mahnungen des Wirts erreichen uns nur mehr vom Ende der Welt. Doch wir bemühen uns, sie zu beachten, denn alles ist genau so, wie er es vorhergesagt hat: Die Brücke bricht fast unter uns ein, die Steinwand entlang des Weges stürzt herab, das Wasser spült die Steine aus und wälzt Erde vor sich her. Die ganze Welt bebt. Aber am Ende stürzt dann doch nichts ein. Interessant, immer entkommen die Dinge um Haaresbreite. Nicht nur die negativen Prophezeiungen, auch das Glück findet ein Zuhause.

Der Gastwirt begleitet uns in unseren Köpfen, man kann ihn nicht abschütteln, er macht sich recht wichtig, erzählt weiter, fuchtelt dabei manchmal ein wenig mit den Händen und dreht den Kopf hin und her. Er ist ein Mann des Wortes, keine Frage. Gerade erzählt er eine neue eigenartige und pikante Geschichte von dem Flößer aus dem Wald, der so reich geworden ist, dass er schließlich die ganze Welt bereist hat, doch hier müssen wir ihn leider unterbrechen ...

Die Tiere ziehen sich in die Berge zurück, und wir setzen unseren Weg hier unten entlang des Flusses fort. Es verschwinden die Wildkatzen und Luchse, die Wildschweine und Wölfe. Nur die Schluchten sind unverändert, egal wie das Wetter ist, ob Regen, Wind, Nebel oder Sturm – sie halten stand. Sie stehen wirklich wie ein Fels in der Brandung, mit dem Regen stürzen mächtige Erdmassen hinab. Geht man weiter, verzerrt sich die Landschaft zu einer Parodie der Seele. Wer im Sommer hierherkommt, der begegnet der Sintflut in jedem Fall.

Immer mehr Bäume liegen auf der Straße. Schlaglöcher, die eine oder andere ordentlich ausgehobene Grube, verstreuter Asphalt, als hätten Menschen hier gearbeitet. Scheinbar wollten sie eine Straße bauen, zumindest hatten sie den Auftrag dazu, doch der Rohstoff ist ihnen ausgegangen oder das Geld. Es befindet sich niemand in den riesigen Löchern. Menschen begegnen wir erst auf der Landstraße, im Wolga oder Moskwitsch, sie begleiten uns ein Stück, verfolgen uns regelrecht, übernehmen unser Tempo, fahren einige Hundert Meter mit und beobachten uns. Sie sehen zu uns hinüber, dann rattern sie enttäuscht an uns vorbei.

Seit Tagen regnet es so stark, dass der Fluss auf einmal vor unseren Augen über die Ufer tritt. Die Theiß ist unsere ständige Begleiterin, sie ist ungezähmt und verdirbt uns in diesem Sinne die Reise, in einem fort müssen wir gegen sie ankämpfen. Im Frühjahr ist der Fluss kein plätschernder Bach, und das sich spiegelnde Wasser betört die Augen des Reisenden ganz und gar nicht. Manche schreiben von der ungarischen Theiß gerne, als glänzten die Bergspitzen der Karpaten auf ihrer Oberfläche. Ich habe solcherlei nicht gesehen. Ihre vermeintliche Unschuld verschwindet rasch, sie wird berechnend und böse, zerstörerisch. Vielleicht kehrt im Sommer ihr schöneres, jungfräuliches Gesicht zurück. Im Nachhinein bedacht, ist die Theiß kein Säugling, aber auch keine reife Frau, eher ein um sich schlagender Jugendlicher. Selbstverständlich kommt man auch trotz des Hochwassers voran, dafür gibt es lokale Praktiken, sodass wir ohne ernstliche Verletzungen nach Jassinja gelangen.

Eine wirkliche Stadt

Wir machen uns auf den Weg, es ist Frühjahr, unser Ziel ist ein und derselbe Ort, und doch lässt sich auf verschiedene Weise benennen, wohin wir fahren: nach Чернівці, Czernowitz, Cernăuţi, Czerniowce. Ukrainisch, Deutsch, Rumänisch oder Polnisch. Unser Reiseleiter Zoltán hat noch in Ungarn Landkarten verteilt und uns Statistiken an die Hand gegeben, darin sind jene Dörfer, durch die wir fahren, nach Religion und Nationalität sortiert aufgeführt. Die Ethnien sind auch in den Städten zu finden. Ruthenen, Huzulen, Ukrainer, Rumänen, Armenier, Lipowaner, Ungarn, Deutsche, Juden. In den neuen Statistiken wird der Kreis bereits enger: Ruthenen (heute sagt man auch Russinen), Huzulen, Ukrainer, Rumänen, Armenier, Lipowaner.

Zoltán achtet sorgsam darauf, dass wir nur Daten bekommen. Die im Bus sitzende Gemeinschaft interpretiert nichts unbedacht, sie urteilt nicht. Es geht immer nur voran, auf dem Programm steht tanken und trinken, wenn wir Durst haben. Die Reisegruppe weiß sich zu helfen: Wenn ihre Mitglieder ein riesiges Loch in der Straße erblicken, einen herumstreunenden Esel oder Hund, einen Radfahrer, der in Schlangenlinien vor ihnen herfährt, oder ein absaufendes Auto, das in einem Graben gelandet ist, dann melden sich sofort alle. Zoltán ruft nach hinten, und sie helfen den in Not Geratenen. Wenn sie aber Hochwasser oder an der Windschutzscheibe klebende, bettelnde Roma-Kinder wahrnehmen, sind sie ziemlich herzlos. Dann schließen sie ihre Augen und steigen nur ungern aus.

Bei Beregsurány überqueren wir die Grenze, in Chust biegen wir auf die Straße ein, die am linken Ufer des Flusses entlangführt, und gelangen über Tjatschiw und Rachiw nach Jassinja. Auf der Hinreise stehen wir beinahe zwei Stunden an der Grenze, aber unsere Wartezeit ist nur wegen der Protektion eines mitfahrenden ungarischen Schriftstellers so kurz. Wenn er nicht wäre, würden wir den halben Tag hier hocken. Es tut aber gut zu beobachten, dass die Benzin-, Zigaretten- und Wodka-Schmuggler doch einen größeren Vorteil genießen als wir. Auch zwischen Protektion und Protektion gibt es also einen Unterschied. Schmuggler machen häufiger Ausflüge als Schriftsteller und sind in der Feldarbeit aktiver als Anthropologen. Es gibt allerdings kaum eine größere Freude, als nach der langen Grenzabfertigung müde und angetrunken in der Unterkunft anzukommen. Die ganze Reisegruppe lächelt, nein, lacht eher laut, als uns Olga vor dem Tor des Hotels zuwinkt. Wir haben auf der langen Fahrt beinahe vergessen, was eigentlich unser Ziel ist, und hätten keine Ahnung, wie die Fortsetzung aussähe, würde es sie nicht geben. Olga ist Lehrerin, die Klassenlehrerin der gesamten Grundschule im Dorf, sie hat große Brüste, ihr Haar ist blond, sie trägt einen grünen Mantel, und ihre wohlwollenden Worte begleiten uns später bis Czernowitz.

Am nächsten Vormittag besuchen wir das Dorfmuseum, es ist ziemlich groß, alle passen hinein. Eine Ausstellung zur zeitgenössischen Kultur, für uns sieht das eher wie eine historische Inventur aus. Wir sehen Lenin und Stalin auf Teppiche gestickt, Mischa, das Maskottchen der Moskauer Olympischen Spiele 1980. Hammer und Sichel auf Ansteckern. Unzählige Auszeichnungen. Und wir schauen uns natürlich auch die Gefäße der Huzulen an, weil sie im gleichen Saal ausgestellt sind. Selbstverständlich ist die durchpolitisierte Folklore aber nicht vollkommen mit dem Alltag in Jassinja identisch. Schließlich stehen in der letzten Ecke alte Haushaltswaren der auch heute noch hier lebenden achthundertundsechs Ungarn.

Die relativ große ungarische Bevölkerung von Jassinja wurde im Übrigen erst im neunzehnten Jahrhundert hier angesiedelt, die Ureinwohner sind die Huzulen. In der ersten Hälfte des zwanzigsten Jahrhunderts lebten hier sogar ebenso viele Deutsche wie Ungarn. Anfangs waren die Huzulen als Hirten tätig, später taten sie sich mit ihrer Waghalsigkeit und ihrem Mut hervor: Sie beschäftigten sich mit der Forstwirtschaft und waren Flößer. Diese wirklich rechtschaffenen Menschen brachten das Holz vom Tschornohora ganz bis Czernowitz, aber manche von ihnen fuhren mit dem Floß sogar bis in die ungarische Tiefebene.

Wir schlafen im einstigen Hotel Budapest. Es wurde 1940 erbaut, zu der Zeit, als die Karpaten im Zweiten Weltkrieg wieder Ungarn angeschlossen wurden – aus Holz, zwei Stockwerke. Im Tanzsaal gibt es wundervolle Wappen mit Intarsien, hier essen wir zu Abend, und nachts flößen hier die Anthropologen den Anthropologinnen den Wodka aus einem ukrainischen Glasgewehr ein. Oder vielleicht sollte ich lieber schreiben: Wir essen jeden Tag Kartoffeln und Fleisch und nippen dann in dem mit Intarsien geschmückten Speisesaal zum Abendessen an unserem Tee.

Später fällt mir ein, an was für einem unruhigen Ort wir doch gewohnt haben. Genau unter unserem Fenster vereinigten sich die Schwarze Theiß und das Flüsschen Laseschtschyna, das machte einen riesigen Lärm, aber das meine ich eigentlich gar nicht, vielmehr wurden hier 1941 die heimatlosen ungarischen Juden versammelt, um sie dann in Kamenez-Podilskyj zu ermorden. Wären wir auf der Landstraße durch das Tal der Laseschtschyna losgefahren, hätten wir den Jablunyzkyj-Pass – der früher auch Tatarenpass hieß – erreicht. Im Zweiten Weltkrieg war der Bergrücken eine ständige Grenzlinie: zuerst die tschechisch-polnische, dann die ungarisch-polnische und schließlich die ungarisch-sowjetische Grenze. Ein ziemlich gefährlicher und mörderischer Ort. Ende 1918, als die galizischen Ukrainer aus dem Verband der Monarchie austraten, wurde gerade unter unserem Fenster die Huzulenrepublik ausgerufen und Jassinja bald darauf der Tschechoslowakei angeschlossen.

Die Ereignisse verlieren sich in einem mystischen Nebel, weiße Milch rinnt von den Bergen. In den Gewehren ist heute Wodka, und Gedenktafeln gibt es nicht, nur die persönliche Erinnerung, die eigene Familiengeschichte. Das Volk der Huzulen hat vor Kurzem an der Orangenen Revolution teilgenommen, erzählt die Lehrerin Olga, wir warten auf das Wunder. Juschtschenko ist zu spät dran, immer zu spät, und Kiew ist weit, vielleicht ist das Leben dort besser. Am Morgen stehen wir früh auf, der strömende Regen und die Theiß machen einen wahnsinnigen Lärm. Auch Olga steigt endlich in den Bus, sie sitzt vorn und lächelt den ganzen Weg über, sie bringt uns nach Czernowitz.

Wir erblicken die Stadt völlig unerwartet auf der anderen Seite des Flusses Pruth. Mit dem Namen assoziieren viele nicht Licht, Glanz oder Luxus, sondern *schwarze Milch*. Paul Celan hat die von Tod durchwobene Geburt so genannt. Vermutlich hat er nicht an die einst strahlende Weltstadt gedacht, in der er 1920 geboren wurde, als er den Schauplatz seiner Heimat und Herkunft beschrieb, sondern an das Auslöschen von Leben. Die Bukowina ist nicht einfach ein Ort der »süßen« Heimat, es wäre sehr unglücklich, sie so zu nennen. Die Bukowina hat viele Farben, wird von vielen Nationalitäten bewohnt, viele wurden von hier vertrieben. Sie ist kahl und entleert, reich und mittellos zugleich. Doch die Engel geben ihr immer wieder eine Chance, so begann man in Czernowitz vor einigen Jahren zu bauen.

Gelbe Hügel

Es ist leicht, die Stadt zu bemerken, denn sie steht auf einem Hügel. Wir nähern uns ihr, kommen ihr ganz nah und sehen dann, wie sie ist. Nichts Besonderes, würde ich sagen, sähe ich nicht sogleich auch hinter die Mauern. Wir tasten sie ab, gehen hinein und sind ihr nah. Sie ist wunderschön, liegt in Trümmern und stinkt. Sie ist eifrig und rückständig. Doch unglaublich sanft. Daraus folgt eigentlich nichts. Um das zu erfahren, muss man nicht hierherkommen. Im Osten ist so etwas überall möglich. Ein Rückzug, ein Sichabfinden. Aber es ist doch anders. Wer diese Stadt erblickt, der weiß sofort, dass er an einem unbekannten und einzigartigen Ort ist.

Czernowitz existiert, denn ich habe es gesehen und fotografiert, ich kann es jedem zeigen. Seit ich zurückgekommen bin, zeige ich jedem die Stadt, ob er will oder nicht. Wie eine Marketenderin unter Soldaten: Du hattest keine Ahnung, dass es das gibt, stimmt's? Ich hole den Beweis hervor, wie bei der Überführung einer Straftat. Als wüsste ich, was jenseits der Front vor sich geht. Man kann Czernowitz betreten. Zuerst allerdings muss man einen gelben Hügel erklimmen. Kommt man aus Rumänien, aus Richtung des Grenzortes Câmpulung la Tisa und überquert man den Pruth, dann landet man nach der Zufahrtsstraße gleich am Bahnhof.

Als wir immer tiefer zwischen den verfallenen, löchrigen Mauern eindringen, wandeln sich diese allmählich zu getünchten Gebäuden. Wir schreiten durch die Jahrhundertwende, die Straße hat ein Kopfsteinpflaster, und die Schaufenster mit ihren Holzkassetten füllen sich mit Waren. Das ist der Korso. Hier haben sich die Menschen präsentiert. Wir gleiten hinab, dann fliegen wir empor, wir schaukeln auf und nieder. Wenn wir das Gefühl haben, hundert Jahre in der Zeit zurückgeflogen zu sein, dann stellen wir uns das ganz sicher nicht nur vor. Wir stehen hier in der Innenstadt, gegenüber der Synagoge, neben dem Theater.

Czernowitz existiert mit mehr Bestimmtheit als andere Städte der Bukowina. Es ist das Zentrum der Region, eine echte Metropole mit Theater, Markt, Universität, Bischofssitz. Sadagora, eine Vorstadt von Czernowitz, gilt als das Zentrum des Chassidismus. Wenn jemand Sadagora aus Texten oder Erinnerungen kennt, mag es ihm größer erscheinen, als es wirklich ist, und es ist vielleicht tatsächlich bekannter als jede andere europäische Großstadt.

Und ebenso: Wollten wir uns Czernowitz erlesen, brauchten wir dazu mehrere Monate. Um die Stadt zu durchstreifen, zu bereisen, reicht aber auch schon ein Tag. Czernowitz existiert, es lebt nicht mehr bloß im Bus, schwirrt uns nicht mehr nur im Kopf umher, sondern breitet sich tatsächlich vor uns aus. Wie eine betagte Dame, die ihre Goldzähne und die fleckige Haut, die sie für faltenlos hält, zum letzten Mal vorzeigt. Sich bedeckend, enthüllt sie sich uns zugleich. Ihre Knochen sind österreichische, jiddische, rumänische Steine. Ihre Augen die Türme östlicher und westlicher Kirchen. Eine Stadt, bei der es genügt, den Staub wegzupusten, und schon erstrahlt ihr Antlitz.

Wir sehen uns den Bahnhof an, das Theater, das deutsche und das jüdische Gemeinschaftshaus, wir besichtigen eine prawoslawische, eine katholische, eine evangelische und eine jüdische Kirche, und schließlich gehen wir zu dem heutigen, aus einer einstigen orthodoxen Kathedrale entstandenen Universitätsgebäude und zu dem aus einer Synagoge umgebauten Kino, aber auch in ein Kaufhaus, in dem es aussieht, als würde Brot nur auf Lebensmittelmarken unter dem Ladentisch verkauft.

Unser letzter Weg hatte geendet, als wir in Climăuți, im Dorf der Lipowaner, gelandet waren und dann an der ukrainischen Grenze kehrtgemacht hatten. Wir waren auf den Turm einer baufälligen Kirche geklettert und hatten von dort oben auf die andere Seite hinübergeschaut, Galizien zugezwinkert und in unserer Fantasie bis zum Dnister gesehen. Und jetzt sind wir da. Czernowitz ist vielversprechend. Es erwächst aus dem Nichts, die alte schwarze Stadtmauer – nach der die Stadt ihren Namen erhalten hat – ist beeindruckend, überall spüren wir den Geruch der Metropole. Die Trolleybusse sind sowjetische Spitzenprodukte der Industrie, aber sie fahren noch. Die Werke der sozialistischen Megalomanie, das

Wiener Theatergebäude und das österreichische Kaffeehaus sind restauriert. Der Pruth könnte die Donau oder die Seine sein, ganz egal, auch die Wupper. Man kann sich nach einem zwei- häufig sogar dreisprachigen Stadtplan orientieren. Wo gibt es noch so viele Sprachen in einer einzigen Stadt? Wenn wir uns nach einer Karte von vor hundert Jahren bewegen, finden wir alles am selben Ort vor. Wir pusten den Staub von den ukrainischen Straßenschildern und finden rumänische Straßennamen, auch von diesen wischen wir den Staub, und die deutschen Namen treten hervor.

Der *Illustrierte Führer* eignet sich, das von der Monarchie geprägte Stadtbild Punkt für Punkt zu identifizieren. Manche Dinge sind aber doch nicht an ihrem Platz. Die Schiller-Skulptur und der Schiller-Park, die berühmte Pieta vor dem Rathaus, der orthodoxe Palast des Erzbischofs, das Wiener Kaffeehaus, die Buchläden, die Schlagzeilen des *Czernowitzer Morgenblatts*, die avantgardistischen Lyriker der Zeitschrift *Der Nerv*, die Fugen von Paul Celan, die Streitschriften von Karl Krauss, die Bücher von Sperber, die Erinnerungen von Gregor von Rezzori oder das Halb-Asien von Karl Emil Franzos, der Ringplatz und der Austriaplatz, die Siebenbürger-Straße, die Enzenberg-Hauptstraße. Sie alle sind emigriert. Was nicht da ist, das stellen wir uns vor und fügen es wieder ein.

Eine unwirkliche Stadt

Den bukowinischen Städten fehlt tagsüber jede Poesie. Dann umhüllt sie die von den Hügeln herabströmende schlechte Stimmung. Skutschno ist hier wirklich der Schmerz des Herzens, nicht nur ein Wort. Die Menschen in der Provinz scheinen tagsüber kaum zu leben oder sind zumindest nicht auf den Hügeln zu sehen. Sie sitzen zu Hause, dumpf durch die fürchterlichen Sorgen in ihren Köpfen, die stärker sind als jede Energie. Deshalb sagt man hier, die Wünsche würden in der Nacht, in den Träumen wahr. Wovon die Menschen hier träumen? Das werden wir wohl kaum erfahren. Die Geheimnisse sind unsichtbar. Es liegt in der Natur des Geheimnisses, dass es keinen Entdecker braucht. Selbst der Reisende ist eine wunschlose Person, gewissermaßen überflüssig. Er kann sich frei bewegen, egal was er über die Menschen hier sagt und denkt. Auch wenn seine Beobachtungen durch die Landschaft ziehen, wird er nichts an dem ändern können, was ist, und es auch nicht verstehen. Die Menschen aus der Bukowina sind genügsam. Wenn ich sage, dass sie sich freuen oder dass sie sehr traurig sind, dann erfinde ich das nur, denn wie sie wirklich sind, das wird nie jemand sagen können. Vielleicht ist gerade das Gefühl, überflüssig zu sein, das schönste auf der Welt, sich wunschlos damit abzufinden.

Nach Gregor von Rezzori, der diese Provinz verlassen hat, bewahren die zur Jahrhundertwende erbauten bukowinischen Bahnhöfe und Häuser, auch die Hauptstadt Czernowitz selbst, bloß den Anschein von Zivilisation. Seiner Meinung nach ist dies ein unmöglicher Ort, ohne Sinn und Ziel. Rezzori kann sich nur für den Markt begeistern. Auch wenn er nicht das wichtigste bürgerliche und wirtschaftliche Ereignis sei, so könne einzig und allein er der Stadt Leben einhauchen. Der Markt am Donnerstag bringe die gesamte Bukowina in Bewegung. In der Hauptstadt wechseln die Waren aus dem Osten und dem Westen ihre Besitzer. Tiere, Stoffe, Kleider und Lebensmittel strömen von überall hierher. Auch wir besuchen einen kleineren Markt. Heutzutage geht natürlich die chinesische Elektronik am besten. Der Anblick ist überwältigend: chinesische Plastikschuhe, Gummistiefel, Markentaschen, Soldatenuniformen, Kassetten und Porno-DVDs, samt dem neuesten Teil von *Star Wars*. Authentische Reiseführer über die Gegend aber bekommt man nirgendwo.

Die bukowinische Atmosphäre zieht für einen Augenblick in Gestalt einer trächtigen Hündin in den Gepäckraum des Busses ein, dann wird sie herausgezerrt. Das arme Tier, es will seine Jungen in einem gelben Bus auf die Welt bringen, aber man lässt es nicht.

Kranke Pferde weiden an der Straße, sie sind dreckig, ungepflegt, als wir an ihnen vorbeifahren, beschleunigen sie ihre Schritte, verwandeln sich in eingerittene Rösser, traben auf uns zu, wiehern, nehmt uns mit. Aber wir lassen sie zurück.

Wie sicher es doch ist, hier zu reisen, sagt jemand, denn es verändert sich nichts.

Ein Teil unserer Reise ist tatsächlich romantisch. Im Theater kann man die Spuren sehen, die Richard Wagner und Franz Liszt hinterlassen haben, in der Holovna-Straße, im Hotel Moldavia steht noch ihr ungemachtes Bett. Man erlaubt uns, es auszuprobieren, schnell springen wir hinein und schlüpfen unter die Decke, wo sie einst geschlafen haben. 1905 schrieb ein Reisender, Czernowitz sei eine internationale Stadt, denn im Wiener Kaffeehaus auf dem Hauptplatz habe er Hamburger Kaffee geschlürft und Triester Zitronen in den Tee gepresst. Vielleicht kann man sagen, dass es auch vor ein paar Jahren noch international war, heute ist es jedenfalls ukrainisch.

Auf dem Marktplatz stand an der Stelle der früheren Pieta das Lenin-Denkmal, das wir (leider?) nicht mehr sehen können, weil es 1991 entfernt wurde. Derzeit steht dort nichts, nur ein Plakat gibt es hier, darauf ein geflochtener Haarkranz und ein harter Blick, die ukrainische Ministerpräsidentin Julija Tymoschenko mit ihrem Wahlslogan »Wähle die neue Nation!«.

Wir kommen zur einzigen Synagoge der Stadt in der einstigen Universitätsstraße, sie wurde zwischen 1873 und 1877 erbaut. Als sie fertig war, sagte man, sie gleiche einem arabischen Märchen. Heute sagt man nichts mehr, man schweigt und murmelt nicht einmal mehr ein Gebet. Von den sechsundvierzig Synagogen in Czernowitz hat man vor Kurzem diese eine wieder geöffnet, die anderen wurden zu Kinos, Wohnhäusern und Kaufhäusern umgebaut oder sind »einfach nur« abgebrannt.

Eine seelische Leere ist auch zwei Jahre später noch eine Leere, nur wirkt sie anders. Als wir den Westen des Ostens erblicken, lassen wir unsere Seele bereits aus dem Spiel. Wir stehen nur da, gehen und beobachten. Czernowitz ist vom ersten Augenblick an der zweite Augenblick: zwei Erinnerungen aufeinandergelagert. Diese Stadt ist wie ein zu jeder Zeit abrufbares Bild eines Eindrucks: Sobald wir sie entdecken, vermischt sich der Anblick mit dem unermesslichen Wunsch, am liebsten in die Jahrhundertwende zurückversetzt zu werden. Nur beruht dieser Wunsch auf einer falschen Vorstellung. Während der hundert Jahre hat sich die Bevölkerung vollkommen verändert, eine so große Veränderung hat keine andere Stadt Europas durchlaufen. Wer hier lebt, möchte, da bin ich mir sicher, bestimmt nicht über Kaffeehäuser plaudern.

Der Friedhof oder zum Begräbnis sind wir gekommen

Es ist gar nicht so gut, Deutscher zu sein. So wie es auch überhaupt nicht gut ist, Szekler zu sein. Und es ist nicht gut, gar nicht gut, in der Bukowina Jude zu sein.

Was zu sein, ist dann gut?

Tot zu sein, ist gut.

Im Laufe der Geschichte wurde die Provinz Bukowina unzählige Male von Fremden geplündert. Man plünderte sie, doch gab man auch etwas hinzu, und im neunzehnten Jahrhundert wurde sie zu einem Ort der Toleranz. Stimmt das?

In meinem Reisebuch – klasse, ein neuer Band, ich habe ihn vor Kurzem im Einkaufszentrum am Örs-vezér-Platz in Budapest gekauft, geschrieben von einer jungen Frau und einem Mann, die vor ein paar Jahren hier waren – werden drei interessantere Sehenswürdigkeiten genannt. Das Museum der Bildenden Künste wegen seiner Jugendstilarchitektur. Die Universität von Czernowitz wegen der Vermischung des orientalisch-byzantinischen Stils mit der Formenwelt der abendländischen Renaissance. Und schließlich der

Friedhof. Am östlichen Stadtrand, in der Vorstadt Kaliczanka, befindet sich einer der größten Friedhöfe Mitteleuropas. Ein breiter Weg schneidet das Gelände entzwei: Auf der einen Seite liegt der jüdische Friedhof, auf der anderen Seite finden wir fast alle Völker der Monarchie: orthodoxe, evangelische und katholische Gräber. Und was verbindet die beiden Seiten? Bilder von Gesichtern und Porträts. Ohne Ausnahme, beinahe auf allen Grabsteinen sind Fotografien.

Die Völker existieren in dieser Form, so wie sie hier einander begegnen, nicht. Und man weiß auch gar nicht, ob sie wirklich so friedlich nebeneinanderher gelebt haben, so unbehelligt, wie sie jetzt hier liegen.

Der Friedhof ist heute eigentlich schon kein organischer Teil der Stadt mehr, der jüdische Teil ist vermutlich ganz verlassen. Als wäre er gar nicht, als würde der Friedhof den Toten gehören und nicht den Lebenden. Dabei gehört der Friedhof den Lebenden.

Wir betreten ihn.

Alles steht kopf. Es ist ein furchtbares Gefühl, über einen Friedhof zu gehen, sagt jemand und hält sich die Hand vor die Augen. Manche merken gar nicht, dass sie auf Trümmern spazieren, weil sie derart von den riesigen, expressionistischen Skulpturengräbern beeindruckt sind, sie merken nicht einmal, dass sie auf Leichen trampeln; die stellenweise megalomanen, synagogengroßen Grabsteine sind überwältigend. Überall Steine. Was für ein aufregendes Gefühl, auf den Leben und Leichen anderer zu laufen. Das Leben anderer in drei Sekunden zu lesen und zu durchleben. Anhand der Jahreszahlen stellt sich viel heraus, aber natürlich nicht alles. Auf den Grabdenkmälern aus der Zeit nach dem Krieg stehen Roter Stern und Davidstern nebeneinander, wenn ich nicht wüsste, warum, würde ich denken, es sei übertrieben. Auf einem der Gräber ist ein riesiges Porträt einer Frau zu sehen. Jemand hat nicht erlaubt, sie nur als Rote zu begraben. Im Zweiten Weltkrieg wurden fünfzigtausend Juden aus Czernowitz ermordet, sie ist wahrscheinlich eine der wenigen Tausend Überlebenden, die 1948 nicht nach Israel ausgewandert sind, sie starb 1976.

Wir haben Angst vor dem Tod, doch beim Anblick der Grabsteine steht jedem die Aufregung ins Gesicht geschrieben. Als würden wir ein Kreuzworträtsel lösen. Was wir auf dem Friedhof sehen, existiert im Leben wohl kaum, und bald wird es ganz verschwinden, denn wir finden die Gräber in einem außerordentlich schlechten Zustand vor. Eigentlich stehen wir in einer unausgefüllten Rubrik. Die Gräber sind überwuchert, die meisten von Efeu umrankt, wir suchen zwischen dem Laub der Bäume und Sträucher, und es kommt vor, dass wir gar nicht an sie herankommen. Die Natur nimmt sich den Menschen zurück. Auf den Steinen stehen Mosaiknamen der Vergangenheit: Zucker und Zuckermann, Herr Zwilling und Frau Zwilling, Rose und Mandel, Franzos und Antschel. *Hier ruht die Mutter. Hier mein Sohn und mein Mann. Hier bin ich. Hier werde ich ruhen.* (Wo bist du gestorben? In Michalka, im Lager?)

Das eine Grab ist ein riesiger Frauenkopf, es ist wie eine Kirche. Sie zeigen umher. Alle wundern sich, dass es eine solche Welt gibt, oder Verzeihung, gegeben hat. Dass es sie gegeben hat und sie noch zu sehen ist. Sie ragt gerade so aus der Erde hervor. Riesige Köpfe, kleine Frauenköpfe, Porträts von Ehemännern und Ehefrauen, Kinderporträts, kleinere Opferskulpturen, Inschriften, *Inschriften, Inschriften*. Auf Hebräisch, Deutsch, Ukrainisch, Russisch, Rumänisch. Czernowitz, Friedhofsstadt. Wenn die Bukowina das Land der Bücher ist, dann ist Czernowitz die Stadt der toten Fotografien. Es braucht einen riesigen Apparat, damit uns ihr Gesicht sichtbar wird.

Es gibt hier jemanden, fast hätte ich ihn vergessen. Den Gastwirt. Was hat er noch gleich über den Flößer erzählt?

Der Waldjude, meine Herren, ist ein Geschöpf, dem der Name Rothschild nicht viel sagt, mit Ihrer Erlaubnis, er sagt ihm rein gar nichts. Der Name von Juras Sohn, Mikola Halamasuk, aber sagt ihm sehr viel, alles. Denn Herr Rothschild ist daitsch. Aber Halamasuk ist mein Nachbar. Von ihm habe ich gerade diese Kuh gekauft. Was für eine Kuh! Jeden Tag unterhalten wir uns mit ihr. Und sie sich mit uns. – Aber nicht dass ihr glaubt, ich wisse nicht, was das ist, Eleganz! Das weiß ich sehr wohl: Dieser Herr ist aus Stanisławów gekommen, jeden Morgen zieht er ein frisches Hemd an, aus reiner Seide. Na, und was hat er nun davon, der Herr Rothschild? Dieser berühmte Daitsche?! Er zieht sich dreimal am Tag ein frisches Hemd an, zum Frühstück, zum Mittagessen und zum Abendbrot. Das ist es ja gerade! Wie unbequem! Und was sollen wir da erst von Ihrer Hoheit, Ihrer Majestät, dem Kaiser sagen? Sagen wir, er zieht in einem fort ein Hemd aus und ein anderes wieder an – hahaha. Was für eine Qual. Sehen Sie, ich weiß alles – lachte der Wirt. – Aber treten Sie nur näher.

Er erzählte also, dass es gar nicht so gut ist, deutsch zu sein. Viel besser ist es, im Wald am Tscheremosch ein Chassidim zu sein. Das Beste ist, sich vor der Welt zu verstecken. An dem verschwiegensten und kleinsten Punkt der Welt zu stehen. Das ist das Beste!

SCHÄBIGES SCHMUCKKÄSTCHEN

Lemberg

»Seine elegante, kostspielige Kleidung war von den exotischen Ländern geprägt, in denen er gewesen war. Sein welkes, trübes Gesicht schien sich von einem Tag auf den anderen zu vergessen, es wurde zu einer weißen, leeren Wand mit einem Netz blasser Adern, in dem sich die erlöschenden Erinnerungen an dieses ungestüme, vergeudete Leben wie die Linien auf einer unscharfen Landkarte verwirrten.«

BRUNO SCHULZ, *August*

Ausgestorben und kahl

Es beginnt ein wenig gleichförmig. Man könnte sagen, es geht zu glatt, keine krummen Biegungen. Alles ist eher gerade und kalkweiß. Doch dann kommen die Brüche, die Ausrutscher. Der scheiternde Versuch, das Alte wiederherzustellen. Alt ist gleich schäbig, eigentlich ist alles alt. Zerschlissen, zerrissen. Sollte man es neu weben? Wozu. Man kann daran herumzerren. Sich stattdessen etwas anderes ausdenken, etwas Stärkeres, Festeres. Aber selbst dann bleibt nur das Alte. Auch das Neue ist alt, man kann sich nicht davon befreien. Das nennt man Glück. Oder nein, eher Ungestörtheit.

Die Provinz, in die wir uns dieses Mal begeben, glänzt wie ein abgegriffenes Schmuckstück in einem vergessenen Winkel Europas.

Diese Provinz ist gar keine Provinz mehr, sie gehört zu niemandem. Sie ist eigenständig, ihr eigener Herr – allein gelassen und ausgeraubt, unabhängig und revolutionär. Stark. Sie will etwas, das sieht man ihr an. Nur weiß man noch nicht genau, was. Die Menschen taumeln in ihr umher, die Tiere ziehen noch die Karren, die Ochsen pflügen, die Hunde bellen manchmal einfach vor sich hin.

Zur Jahrhundertwende hat man geschrieben, die Provinz sei arm, dabei war sie damals noch reich, jetzt aber besitzt sie kaum mehr etwas, und doch sehnt sich, insgeheim, jeder hierher. Am Ende unserer Reise kommen wir in der am heißesten ersehnten Stadt der Welt an. Uns hat das reiche Nichts interessiert, die Langeweile gelockt. Sie ist wunderschön, doch reglos. Sie existiert, und das ist unglaublich beruhigend. Ungewaschen, ungekämmt. Steinig und holperig, aber nicht krank, nur ein wenig traurig.

An der ungarisch-ukrainischen Grenze müssen wir dieses Mal bei Beregsurány kaum warten. Die Benzin- und Zigarettenschmuggler kommen aus der anderen Richtung, uns entgegen. Man fordert sie auf auszupacken und schickt sie zurück. Die Schlange wird rasch kürzer. Die Grenzbeamten sortieren die Schmuggler schnell aus, die in einem fürchterlichen Ton brüllen. Vergebens sagen sie, ihre Verwandten würden viel rauchen, in Budapest seien Zigaretten teuer! Der Grenzbeamte verzieht keine Miene. Sie sind nicht überzeugend genug. Dabei zeigen sie sich wirklich großzügig, sechsundzwanzig Stangen haben sie zum Verschenken dabei. Sie hätten sie auf dem Markt in Mukatschewo gekauft, alle mit Banderole, bitte sehr! Wir zahlen die Steuern! Werden die Guten an der Grenze etwa bestraft?

Ja. Und die Bösen, die Gaffer, die nichtsnutzigen Reisenden lassen sie einfach durch. Es ist Mai, der Monat ist bei uns schon

Brauch geworden. Es gibt keinen besseren Zeitpunkt, zu dieser Zeit muss man fahren, weil die Flüsse noch Wasser führen. Die riesige Ebene, die wir bald darauf erreichen, trocknet im Sommer recht schnell aus. In Podolien ist es dann so warm, dass den Menschen das Wasser ausgeht, und im Winter ist es so fürchterlich kalt, manchmal kälter als minus zwanzig Grad, dass alles friert. Wir machen es uns im Bus bequem und warten darauf, Aufregendes zu sehen. Nur wird das Süßeste, das wir zu sehen bekommen, das Chaos und das stärkste Gefühl der Durst. Unser Reiseziel ist dieses Mal das berühmte, doch kahle, sich auf die Westkarpaten stützende Hochland, das Sibirien-Pendant.

Kommt man aus Richtung der Bukowina nach Galizien, ist es überraschend, wie flach die Welt ist. Kahl wie eine nackte, weiße Wand. Auf der Podolischen Platte befinden wir uns in einer von den Flüssen Dnister, Sjan, Stryj und Bug durchzogenen Landschaft, am nordöstlichen Punkt der einstigen Monarchie. Um ein Haar rutschen wir von der Landkarte. Das bisschen Wasser, das hier im Frühjahr noch zu finden ist, fließt vor unseren Augen weg. Langsam, aber sicher versickert es, alles befindet sich in einem Zustand ständiger Auflösung. Als ob immer jemand zusammen mit dem Wasser verschwinden würde und wir ständig einer weniger wären, ohne besondere Erklärung.

Durch das Tal des Sereth und des Dnister zogen einst auch die Ruthenen in die Berge am Tscheremosch, weil der Weg, den der Fluss genommen hatte, am sichersten war. Die Platte war zum Wandern zu trocken, außerdem waren die Händler, die hier zu Fuß umherzogen, immer wieder Raubüberfällen ausgesetzt. Podolien ist nicht nur trocken, sondern auch kühl, hier ist die Flora fern des von Flüssen zerteilten Gebietes nur spärlich. Die Landschaft ist eher strauchig als waldig. Vereinzelt gibt es Dörfer, die Häuser aber sind zusammengewachsen, wie siamesische Zwillinge. Ich würde sie eher als Hütten bezeichnen, von zurückhaltenden, stillen Menschen bewohnt. In den Gärten wächst Gemüse, Obst kaum, und auch die

Felder wirken karg. Dennoch arbeitet immer jemand am weiten Horizont.

Wir nähern uns von der Seite der Ostkarpaten, aus Richtung Berehowe, Mukatschewo und Uschhorod. Unterwegs sehen wir an den südlichen Hügelhängen blühende Obstbäume. Dort scheint die Sonne am stärksten. Es ist Frühling, und wir sind auf der Suche nach einem Schmuckkästchen. Angeblich haben in Galizien auch Polen gelebt, aber es gibt sie nirgendwo mehr. Es gibt schon noch einige, aber nur wenige. Wo sind sie? Wohin hat man sie gebracht? Wer lebt hier an ihrer Stelle?

Auch Juden haben hier gelebt, auch sie gibt es nicht mehr.

Armenier, Österreicher, Schotten und Italiener. Sie fehlen.

Sind woanders, sind fortgegangen.

Unter die Erde?

Teils. Man weiß es nicht.

Ja, dorthin.

An ihrer Stelle gibt es die Podolianer. Ruthenen, Ukrainer, Russen. Natürlich waren auch sie früher schon da. Und es wird noch einen Libanesen geben, in einem Restaurant. Und eine schöne Frau und eine sehr hässliche.

Glitzernd und schäbig

Die Tage sind lang, werden immer länger, bald erstrahlen sie und breiten sich aus, im Vergleich zu ihrem ärmlichen Inhalt vielleicht sogar zu sehr. Bei den im Bus Reisenden wechseln sich Langeweile und Ungeduld ab, so bemerken sie das Sehenswerte nicht immer, dabei gibt es reichlich Neues, man muss nur schauen.

Östlich von Podolien überqueren wir eine weitere Grenze, nur ist diese heute unsichtbar. Wir kommen nach Galizien, eine der größten Provinzen Österreich-Ungarns. Die Zahl der Landarbeiter war hier zur Jahrhundertwende noch genauso groß wie in Dalmatien, das heißt, beinahe jeder bestellte sein eigenes Stück Boden. Heute gibt es nicht mehr genug Boden, auch keine Gerätschaften, mit denen das Gebiet bewirtschaftet werden könnte.

Manche glauben, wir seien Österreicher und würden die Monarchie suchen. Die gibt es nicht mehr, die ist zu Ende, sagen sie, *njema.* Sie verstehen nicht, was wir wollen. Die Reisegesellschaft aus Miskolc hat einige ausrangierte rote Alpenbusse gekauft, in einem davon haben wir uns auf den Weg gemacht, so kann man uns wirklich glatt mit den Habsburgern verwechseln. Dies hier ist die einstige ukrainisch-polnische Sprachgrenze. Ostgalizien und Westgalizien würden sich dem Anschein nach kaum voneinander unterscheiden, befänden sie sich nicht auf dem Gebiet zweier Länder. *Leopolis*, das heißt *Lwiw* – von den in den Karpaten lebenden Ungarn hört man noch: Sie reisen nach *Lemberg* –, liegt heute in der Ukraine. Der Bruder, der einstige Gefährte in Kampf und Handel, das reiche Krakau, die alte Hauptstadt Westgaliziens, im heutigen Polen. Sie beide standen zur Zeit der Monarchie in enger Beziehung zueinander. Lemberg war Krakau ein würdiger Partner, ein glänzendes und reiches Zentrum. Mehrere Tausend Polen hatte man nach dem Ersten Weltkrieg hier angesiedelt, während des Zweiten Weltkrieges wurden sie dann praktisch alle deportiert. Wer überlebte, den brachte man nach dem Krieg an die neue deutsch-polnische Grenze, an die Oder, nach Schlesien oder Hinterpommern. Lemberg ist daher für die Polen nicht dasselbe wie das siebenbürgische Klausenburg, also Kolozsvár, für die Ungarn, selbst wenn die meisten Baedeker diesen Vergleich mit Vorliebe heranziehen. Der Lytschakiwski-Friedhof ist ein riesiges Denkmal für die Verstorbenen der Stadt; so ähnlich wie der Friedhof Házsongárd in Klausenburg, aber doch vollkommen anders, denn hier ruhen Polen, und zwischen ihnen wurden Ukrainer begraben.

Wenn jemand Lemberg von der Podolischen Platte, vom einstigen Franz-Joseph-Berg aus erblickt, sieht er bequem auf die Stadt hinunter: die gotischen Kirchtürme, die Jugendstil- und Barockgebäude, die hoch emporragende Festung der Kathedrale, sie alle sind zu sehen. Lemberg ist eine flache Stadt. Eigentlich kann man sie bloß von der südlichen Seite des Schlossbergs aus der Vogelperspektive überschauen. Ihre Anordnung ist labyrinthartig, denn der Baustil mehrerer Völker hat seine Spuren hinterlassen, mancherorts ist sie dicht gedrängt und vollkommen ungeordnet. Aus nördlicher Richtung gleicht sie einer großen Ebene, auf der sich zwischen Baumgruppen hervorschauende Dörfer, Gutshöfe mit Feldern und sich in der Ferne verlierende Haine abwechseln. Lemberg hat mindestens zwei Gesichter, oder doch eher tausend. Prunkvoll und grau, smogverhangen und neu, glitzernd und schäbig. Fünfzig Jahre alte Wolgas und die neuesten Mercedes dröhnen durch die Innenstadt, knattern und klagen, die Fahrer aber singen laut und fröhlich. Manche trinken beim Fahren Wodka. Überall dichter Qualm. In der Innenstadt herrscht reges Treiben, in den Bussen kleben die Fahrgäste aneinander. Manche finden nur mit einem Bein Halt, fahren so zur Arbeit. An den Wänden der Häuser vermischen sich das Leid und das Gelächter der Jahre. Sozialistisch und modern. Rot und orange. Lemberg wogt. Einmal oben, dann wieder unten.

Das vergangene Jahrhundert hat zahlreiche Stile und noch mehr Unterdrückung auf der Oberfläche der Stadt hinterlassen. Egal von wo man sich auf den Weg macht, vom Friedhofshügel, von den Stadtteilen Podzamcze oder Holovnij, vom Bahnhof oder von der Wohnsiedlung aus, wo wir untergebracht sind, wir bekommen von jeder Epoche der letzten tausend Jahre etwas mit. Und das ist weit mehr als Langeweile, das sind der Staub und die Ruinen, nach denen wir uns gesehnt haben.

Die Unterkunft haben wir natürlich nicht wegen der Müllhalde unmittelbar nebenan gebucht, sie war einfach nur billig gewesen, und wir gelangen am kommenden Tag von hier leicht in das mittelalterliche Zentrum der Stadt, auf den Rynok, den alten Marktplatz.

Als ich am Morgen aus dem Fenster des Plattenbauhotels schaue, kommen die Menschen in langen Reihen aus Richtung der Wohnsiedlungen. In ihren Händen Spaten und Hacken, sie schieben Schubkarren vor sich her, und als würden sie zur Müllhalde abbiegen, trotten sie weiter. Am späten Abend machen sie sich beinahe zeitgleich auf den Weg nach Hause, packen ihre Sachen in derselben Sekunde zusammen. Müde Ameisen. Zuerst denke ich, sie gehen zur Halde, um nach Sachen zu stöbern, Reste zu sammeln. Doch nur ein Teil biegt dort ab. Hinter der Müllhalde hat man noch in den 1970er-Jahren Schrebergärten parzelliert, dorthin gehen die Menschen aus der Wohnsiedlung, sie bauen Obst und Gemüse an. Davon leben sie, eine Arbeit haben sie nicht. Sie verdienen sich ihren Unterhalt als Landarbeiter, halten Hühner, Enten, Hasen, aber ich sehe unter ihnen auch eine geschminkte Frau in hochhackigen Schuhen mit einer Kuh. Einen in Anzug mit Ziege. Ein spindeldürres Mädchen mit Pferd, es sammelt Eisen.

Im Sommer sind die Hotels voll mit deutschen und polnischen Nostalgie-Reisenden, die friedlich zusammen frühstücken. Sie suchen die Häuser und Gräber ihrer Großeltern auf. Wenn sie fündig werden, lächeln sie, ihre Gesichter strahlen vor Glück, dabei können sie es kaum erwarten, wieder zu Hause zu sein, um davon zu erzählen, dass diese verfallene Welt existiert, diese schäbige, abgenutzte Schönheit. Sie ziehen sich hinter die gepflegten Wände des Hotel George, des Grand Hotel, des Hotel Kiew oder des Hotel Lwiw zurück, waschen sich in gekachelten Badezimmern und machen sich morgens aus der mit Biedermeiermustern verzierten Hotellobby auf den Weg in ihre Erinnerung.

Der lachende Löwe

Den Großteil unserer Zeit verbringen wir auf dem Markt damit, alte ungarische Pengő-Scheine, sowjetische Orden, chinesische Armbänder und Matrjoschkas in Gestalt von Juschtschenko, Janukowytsch und Tymoschenko zu kaufen.

Vor etwa dreihundert Jahren fuhren auf dem Fluss Poltwa noch Segelschiffe. Damals konnten die Karawanen, Gewürze, Stoffe und das Silber also auch mit dem Schiff aus dem Osten hierher gelangen, man brachte sogar Bernstein aus dem Norden. Lemberg verband Vilnius und Odessa miteinander, die Ostsee mit dem Schwarzen Meer. Eine litauische und eine russisch-ukrainische Stadt sowie die beiden wichtigen Meere an der Grenze des Kontinents. In Vilnius verbrachte Adam Mickiewicz seine Jugendjahre, in Odessa war er gefangen, dort lebte er in der Verbannung.

Die Skulptur dieses polnischen Romantikers ist ein bekannter Treffpunkt auf dem Prospekt Swobody, zu seinen Füßen wird mit Drogen gehandelt. Am Wochenende, wenn die Straße abgesperrt wird, zieht eine riesige Menschenmenge an seinem Sockel vorbei. Nicht weit von hier steht eine noch größere Skulptur. Eigentlich gar keine Skulptur mehr, sondern eher eine wuchtige Festung, sie stellt Schewtschenko dar, den Dichter der Ukrainer, und erhebt ihn tatsächlich in wahnwitzige Höhen. Nichts Intellektuelles ist an ihm, es könnte auch die Darstellung eines siegreichen Diktators sein. Die robuste Figur beugt sich düster nach vorn, und diese Geste ist ganz und gar nicht romantisch. Schewtschenko beugt sich eher, als mit geradem Rückgrat zu kämpfen. Seine Augen sind kaum zu sehen, sie sind fast so weit oben wie die Spitzen der Kirchtürme. Die Romantik ist hier groß und furchterregend, eher abstoßend als verlockend, und was am typischsten ist, sie bewegt niemanden dazu, Schewtschenko zu lesen, obwohl das auch gar nicht die Aufgabe der Skulptur ist; dies hier ist nicht die Skulptur der Literatur, sondern der Diktatur. In den Mantel oder besser Umhang Schewtschenkos sind, unabhängig von dessen Leben und Zeit, kleinere Totenschädel eingeritzt, Skelettreliefs. Der Rücken des Schriftstellers ist so ein riesiges Denkmal für die Opfer des Krieges. Eigentlich hat dieser Rücken nichts mit seinem Besitzer zu tun, er markiert die territorialen Rechte des sowjetischen Reiches, es ist der Opferumhang der Kommunisten. Eine sowjetische Fälschung. Armer Schewtschenko, hätte er gewusst, wie viele Tote er auf seinem Rücken tragen würde, vielleicht hätte er sich nie vom Leben verabschiedet.

Es gibt nicht nur keine Schiffe mehr, seit hundert Jahren gibt es nicht einmal mehr Wasser in der Stadt, angeblich wird es über Kanäle aus den Flüssen des Umlandes zugeführt. Lemberg ist so trocken wie die Wüste der Savannen. Nichts ist dem Zufall überlassen, alles haben Schicksal und Natur vorgeschrieben, auch ihren Namen hat die Stadt nach dem Löwen erhalten:

Leo, Leopolis.
Lemberg.
Lwów.
Lwiw.
Lwow.
Ilyvó.

Lwiw war einst ruthenisch, armenisch, polnisch, ungarisch, deutsch, jüdisch, dann sowjetisch; heute ist es einfach nur ukrainisch. Das alte galizische Zentrum ist kulturell die wichtigste Stadt der seit 1991 unabhängigen Ukraine, die Gebäude sind hier besser erhalten als in Kiew, und schon zur Zeit der Monarchie nannte man sie »Klein-Wien«. Es ist eigentlich ein perspektivloser Ort, nur aus der Höhe kann man ihn überblicken. Er zieht sich eher zurück, man muss ihn suchen, ihn finden, entdecken. Wie die Schmuckschatulle in einem Boudoir. Man darf sie nur langsam öffnen, vorsichtig hineinschauen, damit das Geheimnis in ihr bleibt. »Lemberg ist eine Stadt ohne Perspective, nur aus der Vogelschau zu sehen. Nicht wie es einer einst uneinnehmbaren Veste anstehen würde, weit rundum das Land beherrschend, mit ihren Thürmen und Zinnen Freund und Feind von Ferne sichtbar, sondern gleichsam auf die Lauer gelegt oder sich ängstlich vor den wilden Schaaren bergend, die so oft an ihren Mauern abgeprallt sind, liegt die galizische Landeshauptstadt in einem ziemlich tiefen Kessel, ringsherum von Anhöhen umgeben«, schreibt ein österreichischer Reisender Ende des neunzehnten Jahrhunderts, Ladislaus Ritter von Loziński.

Dieser Reisende aus früheren Zeiten konnte sich nur schwer an der Stadt ergötzen. Heute empfängt uns natürlich ein ganz anderes Bild, seine Bemerkungen würde ich sofort streichen, vor allem die Adjektive. An seiner Stelle hätte ich nicht geschrieben, die Landschaft habe einen morosen Charakter. So etwas gibt es nicht, eine morose Landschaft. Zudem wird sie im darauffolgenden Jahrhundert noch sehr viel moroser. Es gibt nur das Gefühl unruhiger Bedrückung. In Lemberg wurde die Bevölkerung innerhalb von hundert Jahren ausgewechselt, die führende Nation wurde ausgetauscht, die Wäldchen am Stadtrand hat man bebaut, das Umland industrialisiert. Man wählte eine Sprache, genauer gesagt Sprachen, manche verschwanden; Regeln wurden abgeschafft, an ihrer Stelle neue eingeführt, die Menschen wurden heimatlos und mittellos gemacht. Ihr Schicksal wandte sich vorerst auch im einundzwanzigsten Jahrhundert nicht zu einem Besseren.

Wir wohnen neben einer Müllhalde. Aus den Fenstern des dreizehnstöckigen Studentenwohnheims hängen BHs und Schlüpfer, so locken die ukrainischen Mädchen am Abend die jungen polnischen und ungarischen Touristen in ihre Zimmer. Am Morgen, als wir losfahren, haben sie schon alle Schlüpfer reingeholt.

Vergebens suchen wir nach den Schauplätzen aus den Beschreibungen, nach der sentimentalen Stimmung des einstigen Reisenden, nach den Feldern, die hinter der Ebene erblühen, nach dem hellen Glanz, nach den Wäldchen, wir finden sie nicht. Dafür gibt es etwas anderes, das natürlich viel interessanter ist als jedes pathetische Juwel der Monarchie. Etwas, das man den Geist des Ortes nennen könnte und das sich aus dem Vorteil, aber noch eher aus dem Nachteil der Stadt ergeben hat. Und zwar aus dem geschichtlichen Treiben, bei dem sich in Lemberg die verschiedenen Kulturen während der Jahrhunderte ständig abwechselten. Die Neuankömmlinge nahmen immer etwas Bestehendes weg und fügten ihr Eigenes hinzu, die Konturen dieser Tauschvorgänge sind auch heute noch deutlich zu sehen, denn die Neuen hatten nie genügend Zeit (Geld?), vollkommen auszulöschen, was sie bei ihrem Eintreffen vorfanden. Lemberg befand sich daher immer in einem Zustand eifriger Entwicklung.

Die Geschichte der Stadt breitet sich vor uns aus, nur ist sie manchmal kaum zu erkennen, weil Staub und Schmutz an ihr kleben. Der alte Glanz und der alte Verfall, der neue Glanz und der neue Verschleiß. Wir kratzen daran, pinkeln neben die Häuser, auf der Straße schütteln wir die Krümel ab, zertreten die Plastikflaschen und vergessen die Weinflaschen auf einer Bank. Vor der Oper hält es einer von uns nicht mehr aus, er bittet im Grand Hotel um Einlass, doch man lässt ihn nicht hinein, er hockt sich hinter das Gebäude. Später versuchen es die Frauen, sie werden hineingelassen. Klar, das hätte überall passieren können, auch in Istanbul, Budapest oder Berlin.

Wir lachen nur und staunen, so glücklich sind wir, als wir die armenische Kathedrale betreten dürfen oder als wir die Reliefs der rußigen, schwarzen Friedhofskapelle von György Boim fotografieren, doch das größte Glücksgefühl erfüllt uns, als wir in dem Restaurant eines jungen Libanesen und einer Ukrainerin zu Abend essen, im Rafael, denn hier bekommen wir Salat, Gurken und Tomaten, und es gibt auch eine Toilette. Rafik Hariri steht auf der Seite der Unabhängigkeitspartei, er lebt seit einem Jahr in Lemberg. An der Wand seines verrauchten Restaurants sind die politischen Bilder in Nebel gehüllt, den Zigarettenqualm kann man mit dem Messer schneiden. Ruhe, Stille und Frieden an seinen Tischen.

Die Legende

Nach einer Legende wurde die Stadt der Löwen unter dem Namen Leopolis von den Ruthenen gegründet. Das ist die Legende, die Geschichte anderer. Aber bleiben wir dabei. Der Kopfschmuck, mit dem der rotruthenische Fürst Danylo, Daniel Romanowitsch, zum König gekrönt wurde, spielt eine symbolische Rolle. Als er ihm auf den Kopf gesetzt wurde, ahnte er noch nicht, dass er das Land ein zweites Mal würde gründen müssen.

Das Glück kommt in der Legende reichlich spät, und daran haben sich die Menschen hier gewöhnt, denn auch in der Wirklichkeit muss man lange darauf warten. Die Ruthenen wirken auf den ersten Blick trotz allem sehr ruhig. Die Reiseführer schreiben, wir hätten es mit friedfertigen und ausgeglichenen Menschen zu tun, die auch auf Probleme gelassen reagieren. Nur wenn sie dahinterkommen, dass man sie hereingelegt hat, oder wenn man sie absichtlich reizt, geraten sie in Rage, dann schreien sie und verkaufen ihr Haus, schmeißen ihr Geld zum Fenster hinaus und machen sich auf Wanderschaft. Die podolischen Bojken sind liebend gern Landarbeiter, sie überfrachten den Boden geradezu mit ihrer Hingabe. Sie bauen interessante Häuser, die in den Dörfern im Umland der Stadt leicht zu erkennen sind, niedrig und zusammengewachsen.

Seinerzeit brach König Andreas II. aus kleinlicher Bereicherungssucht den Zipser Vertrag, und damit stand alles kopf. Lange Jahre wurde das Land von schrecklichen Prüfungen heimgesucht, bis Daniel, der Sohn des Rurikiden-Fürsten Roman, ein reiferes Alter erreichte und alle Feinde seiner Familie unterwarf. Er gebot den zahlreichen Verrätern und Verschwörern Einhalt, jede unrechtmäßige Forderung wies er zurück, bis er schließlich in Halytsch sein Nest baute. Auch Kiew eroberte er, das ganze Reich seines Vaters bis zur Quelle von Memel und Dnjepr gelangte in seine Hand. Der Sieg der Familie Romanowitsch wurde zum Todesurteil des alten Fürstentums Halytsch-Wolodymyr, denn den Stamm der Halytscher Bojaren rottete Daniel beinahe vollkommen aus, manche meinen, damals sei der glänzende Reichtum des Gebietes für immer verschwunden. Stattdessen kam ein neuer Glanz, der sich natürlich mit der Zeit ebenfalls abnutzte und erlosch, aber damals verhieß er noch, neu und gut zu sein. Dabei war er aggressiv und fordernd.

Jeder dachte, der Kampf um das Fürstentum sei zu Ende, als auf einmal eine erneute Gefahr über das Land einbrach: die Mongolen. Unter Batu Khan preschten die Mongolen in Richtung Westen, ihre furchterregenden Truppen drängten durch Kiew, Lodomerien und Halytsch nach vorn und verwüsteten die Orte zusammen mit anderen ruthenischen Städten. Daniel floh vor den wilden Horden nach Ungarn und von dort nach Polen. Kurze Zeit später ereilte diese Länder ein ähnliches Schicksal, die Gefahr breitete sich im gesamten östlichen Teil Europas wie ein Lauffeuer aus. Polen und Ungarn erwachten bald zu neuem Leben, die russischen und ruthenischen Länder hingegen litten über Jahrhunderte unter der Sklaverei der Mongolen. Ein Fürst nach dem anderen stattete dem Khan einen Besuch im Serail ab und versuchte, seine Würde wiederzuerlangen. Jedoch ohne Erfolg. Bis endlich Daniel an die Reihe kam.

Der Khan hatte zuvor bereits einen Boten entsandt und den Befehl erteilt, Daniel solle ihm Halytsch übergeben. Vollkommen verzweifelt – so erzählen die Chroniken –, sich Gott und dem heiligen Michael anempfehlend, begleitet von den Gebeten des ganzen Landes, habe sich Daniel auf den Weg in den Serail gemacht. Als ginge er in den Tod, seine Haltung war schneidig, doch innerlich war er gebrochen.

Dort angekommen, zwang man ihn sogleich, an einer Prozession um den Kusta, den Altar, teilzunehmen, den Baschma, also die Fußspur des Khans, zu küssen und schließlich Pferdemilch, das heißt Kumys, zu trinken. Er war vermutlich glücklich, dass der Khan seinen Tribut anerkannte und ihn als seinen zum Kampf verpflichteten Sklaven ansah. Mit Ruthenien ging es indes bergab, die Zukunft zeigte sich aussichtslos, doch Daniel konnte in dem entvölkerten Land wieder mit dem Aufbau beginnen. Er machte sich daran, Burgen und Städte zu gründen. Ganz besonders wurden: Chełm, wohin er seinen Sitz verlegte, und eine Stadt, die er seinem Sohn Lew (Leo) zuliebe Lwow nannte und die 1259 das erste Mal erwähnt wurde. Die Siedler der neuen städtischen Gemeinden waren später vor allem Deutsche aus der Pfalz und Polen, doch kamen auch armenische Flüchtlinge. Aufgrund der großen Zahl von Fremden verloren die Städte ihren ruthenischen Charakter. Daniel versöhnte sich schließlich auch mit seinem Widersacher, dem ungarischen König Béla IV., dessen Tochter Konstanze Lew später heiratete.

Daniel wusste, wenn er unter den abendländischen Fürsten einen Platz bekommen und ihre Unterstützung erlangen wollte, dann musste er in die römische Kirche aufgenommen werden, denn die griechisch-christliche war nach der damaligen Auffassung nicht christlich, sondern abtrünnig, dem Heidentum ähnlich, für das niemand zu irgendetwas verpflichtet werden konnte. So entschloss sich Daniel auch bald zur Vereinigung mit der römischen Kirche, und in Ruthenien setzte die Missionierung ein.

Auch heute empfangen den Besucher der Stadt etwas mehr als zwanzig aktive Kirchen. An der Wand der Kirche Johannes' des Täufers befindet sich seit 2003 eine Tafel zum Gedenken an die ungarische Prinzessin Konstanze, weil sie den Sohn des Fürsten von Halytsch-Wolodymyr geheiratet hat. Die Kirche wurde für sie errichtet, doch sie schenkte sie den Dominikanern.

Lemberg: Leopolis. Eine starke Stadt, an den Häusern findet man die unterschiedlichsten Löwenfiguren. Es gibt auch grimmige, doch die meisten sind traurig und sanft. Anhänglich. Ein wenig schäbig, Teile fehlen, der Schwanz abgebrochen, die Zähne herausgerissen. Einem von ihnen hängen Trauben und Ähren aus dem Maul, weil er ständig Hunger hat. Gegenüber der Kathedrale finden wir den fröhlichsten. Natürlich gibt es auch schlafende Löwen unter der Erde, nur sehen wir sie nicht. In der General-Tschuprynka-Straße, am Eingang zur Villa mit der Hausnummer vierzig, liegt der stolzeste, er gähnt gen Himmel, ist alles leid. Er hat so gar keine Lust, Lemberg zu verteidigen. Manche behaupten, auch der Name des Science-Fiction-Autors Stanisław Lem stamme von hier. Dahinter verberge sich jemand, der sich mit seiner armen Heimat abgefunden und doch von einer anderen, schöneren Welt fantasiert hätte.

Der hungrige Markt und ein Funkenregen

»Der Marktplatz war leer und gelbglühend; heiße Winde hatten ihn vom Staub reingefegt wie eine biblische Einöde. Die dornigen Akazien, die aus der Leere des gelben Platzes wuchsen, flirrten darüber mit hellem Laub, mit Büscheln feingegliederten, grünen Filigrans, wie Bäume auf alten Gobelins. Es schien, als spreizten sich die Bäume affektiert vor dem Wind, sie wühlten ihre Kronen theatralisch auf, um in pathetischen Verrenkungen die Vornehmheit der Blattfächer mit ihren silbrigen Bäuchen wie die Pelze edler Füchsinnen zu zeigen«, schreibt Bruno Schulz in *Die Zimtläden* über das Zentrum einer anderen galizischen Stadt, Drohobytsch.

Das nicht weit von Lemberg entfernt gelegene Drohobytsch wird gern mit Ölstädten in Pennsylvania verglichen. Wer hier lebt, würde gewiss tauschen, denn das Brunnenbohren ist eine recht harte Arbeit. Jetzt, wo nichts mehr los ist, ist es aber noch härter. Das Nichtstun und das Überleben sind viel schwerer als die Arbeit unter Tage. Die Menschen hier wären auch mit den 1970er-Jahren zufrieden, denn selbst heute leben sie in dieser Zeit. Aber eher mit dem Amerika der 1970er-Jahre, als es noch Öl gab.

Die Ukrainer fahren riesige Wolgas, arbeiten mit Autos der Marke ZIL und UAZ. Ihre Kleidung ist kein Pseudo-Retro-Look wie um den Hackeschen Markt in Berlin oder in der Ruinenkneipe Szimpla in Budapest. Die Frauen mögen gepunktete Stoffe und rote Kostüme; die Männer Trainingsanzüge von Adidas, mit breiten Streifen. Die Frauen sind chic, sie schminken sich, die Männer sind nachlässig, spielen den ganzen Tag mit ihren Handys und rauchen.

Die Frauen duften nach Parfüm, die Männer riechen nach ihrem eigenen Körper, trotzdem sind die Frauen hin und weg, denn sie lieben kräftige Körper.

Das trostlose Zentrum von Drohobytsch überwältigt den Reisenden, der sich in Lemberg an die historischen Sehenswürdigkeiten gewöhnt hat. Trotz allem ist es ebenso wie die Lemberger Märkte voller Leben, die Menschen kommen und gehen den ganzen Vormittag, sie kaufen und handeln, sind ständig auf der Suche, machen ihre Tauschgeschäfte.

Aber gehen wir einen Schritt zurück, denn vorhin haben wir noch den Lemberger Markt gesucht. Nicht den jetzigen Markt, da waren wir schon, er war voll mit hochwertigem Schrott, den Ringplatz, das heißt den Rynok, wollen wir uns ansehen. Der einstige Marktplatz von Lemberg gehört zu den schönsten Stadtzentren der Welt und erlebte 2006 seine Renaissance. Zumindest will er jeden Morgen zu neuem Leben erwachen. Am Abend scheint er etwas zu ermüden, aber letztlich ändert sich nicht viel.

Für den Reisenden ist es so am besten.

Dieser Ort war auch für das alte Polen ein zentraler Handels- und Stapelplatz, einer der reichsten Plätze des Königreiches. Zu seinem Glück konnte er ein großes Vermögen anhäufen, zu seinem Unglück waren die Bürger doch nicht in derselben Lage wie die deutschen oder italienischen Händler, um mehrere Hundert Jahre hindurch unbekümmerten Reichtum zu erschaffen. Aber auch hier wurden Bürgerhäuser im Stil der Renaissance erbaut, italienische Paläste, barocke Balkone. Die Bürger der polnischen Stadt sind nicht nur Händler, sondern zugleich auch Soldaten gewesen, manches Mal sogar eher das als Kaufleute oder Patrizier. Dies erklärt neben den häufigen Blockaden und Bränden, dass die meisten der Baudenkmäler von Lwów ursprünglich nur aus Zweckmäßigkeit errichtet wurden.

Der Rynok bildet mit den Straßen, die um ihn herumführen, und den Mauern, die ihn umgeben, den Stadtkern. Der einstige

Wohlstand ist ihm anzusehen, dennoch ist er schmal, als wäre er hungrig, ärmlich. Löchrig, lückenhaft, unfertig, aber auch die Lücken sind nicht wie jene in Budapest oder Berlin. Nicht mal als Parkplätze sind sie zu gebrauchen, nichts wird hier geplant, es ist, als existierten sie einfach nicht. Es gibt leere Grundstücke, auf denen noch nie ein Haus gestanden hat. Als wir zum einstigen Marktplatz einbiegen, wundern wir uns, vor uns lauter aufgebrochene Gehwege, die Bauarbeiten sind in vollem Gange. Es stellt sich heraus, dass der Platz vor Kurzem zum Welterbe erklärt wurde und nun wirklich in Ordnung gebracht werden muss.

Die Soldaten machen sich mit Schaufeln und Spaten an die Bauarbeiten. Sie fangen an, bald darauf legen sie eine Pause ein. Sie winken, machen Frühstück, wieder Pause, jedes Mal, wenn jemand an ihnen vorbeigeht, hören sie auf und lächeln. Sie machen den Motor des ZIL aus, holen ein bisschen Hackfleisch hervor, Rettich, Brot und essen. Die Arbeitspause ist heilig.

Sie versuchen die alte Pracht der Renaissance wiederherzustellen. Sie machen es langsam, haben Zeit, die Renaissance hat es in Lemberg nicht eilig. Das wird sowieso nur eine Kopie, nicht so lebendig und nicht so humanistisch wie das Original. Als wir vorbeigehen, werden gerade die Straßenbahnschienen entfernt. Wir kaufen eine Flasche Paprikawodka im Getränkeladen. Als wir wieder herauskommen, werden die Schienen schon wieder verlegt, doch da bemerken sie, dass einige Stücke fehlen. Jemand sagt Bescheid, sie sollen mit dem Verlegen von vorn beginnen. Die Gleisbaumaschine wird geholt, sie stammt noch aus sowjetischen Zeiten. Vielleicht ist sie ein Geschenk gewesen, im Tausch gegen Petroleum.

Sie beginnen mit einer neuen Arbeit, es wird gegraben. Sie schaufeln einen Graben aus, jedoch an der falschen Stelle, schütten ihn wieder zu, graben wieder, entfernen das Kopfsteinpflaster, verlegen es erneut, und erst als sie fertig sind, sehen sie, dass ein neuer Graben entstanden ist. Ein, zwei, drei Gräben. Mehr. Hunderte von Löchern. Straßen und Gräben. Gehwege, Gräben. Polnische, italienische und ukrainische Renaissance. Das wird dem Original nicht gleichen, da können wir uns sicher sein.

Mit wenigen Ausnahmen sind auf dem Rynok lauter schmale, zweistöckige Häuser mit je drei Fenstern pro Etage zu sehen. Manche sind aufgrund ihrer Architektur oder Ornamentik interessant und berühmt. Wundervoll, überwältigend, prächtig und wie ein Stück Venedig oder Dubrovnik. Vom mittelalterlichen Lemberg, vom Lolleo der Genuesen und dem Leynburk der Deutschen, ist kein einziger Stein erhalten geblieben; aber es gibt auch keinen von den sehr viel späteren Häusern mehr, mit spitzen Giebeln und Spitzbögen, von denen die hiesigen historischen Quellen berichten. Sie wurden allesamt von schlesisch-deutschen Baumeistern im vierzehnten und fünfzehnten Jahrhundert gebaut und sind Bränden zum Opfer gefallen.

Später bauten Polen und Italiener diese Häuser wieder auf. Das stattlichste, palastartigste Patriziergebäude ist das auf der Ostseite des Platzes stehende Sobieski-Haus, das der Italiener Pietro Barbone für einen griechischen Händler aus Kandia mit Namen Konstatin Kornjakt gebaut hat. Kornjakt heiratete, nachdem er mit dem Wein- und Baumwollhandel sowie den königlichen Zollpachten zu großem Vermögen gekommen war, in eine der mächtigsten und namhaftesten polnischen Aristokratenfamilien ein. Der Kornjakt-Palast musste nicht neu gebaut werden, da er selbst in sowjetischer Zeit instand gehalten wurde. Weniger stattlich, doch viel anmutiger ist ein anderes Patrizierhaus mit einer überaus fein ausgearbeiteten Fassade in derselben Häuserzeile, Konsul Nikanor Anczewski hat es bauen lassen. Die Wände aus gemeißeltem Stein zieren Skulpturen, und über dem Stockwerk befindet sich ein zartes, untergliedertes Kranzgesims. Das nächste Haus gehörte dem Postmeister. Das Bandinelli-Haus wurde zu Beginn des siebzehnten Jahrhunderts errichtet und war einst in Besitz des ersten polnischen königlichen Postmeisters. Die gemeißelten Delfin-Verzierungen sehen verstümmelt aus, aber dennoch ist der Anblick überwältigend, zumindest interessant in einer Stadt, in der es kaum Wasser gibt, von einem Meer ganz zu schweigen.

Die Verzierungen der Häuser sind ein Zusammenwirken morgenländischer Ornamentik und italienischer Renaissance. Wie sollte es auch anders sein, denn die Baumeister waren Armenier oder Deutsche, Florentiner oder Franken aus der Levante. Die Besitzer hingegen Italiener, Polen, Deutsche oder reiche armenische Kaufleute.

Ansonsten wäre der Platz, wenn man ihn sich ohne Menschen vorstellte, leer und erschreckend. Aber zum Glück ist in der Ukraine überall etwas los. Ständig tragen sie hier etwas herum, sie schleppen, packen, montieren, reparieren. Einen Geländewagen, einen Fernseher, einen Karren. Hinter den Mauern geschehen ganz andere Dinge als vor der Fassade. Die Kulisse ist das Trugbild der Oberfläche, hinzugefügt sei, dass eine hübsche Oberfläche, sagen wir ein reich verziertes Tor, in der Ukraine mehr als alles andere auf der Welt wert ist, ebenso wie die Schminke auf den Gesichtern der Frauen. Als wir den Platz verlassen, kann ich es kaum erwarten, hinter die Arkaden und Paravents zu schauen.

Es gelingt mir, durch das Tor einiger Jugendstilhäuser zu gelangen, wo mich fürchterlicher Katzengestank empfängt. Na gut, Katzen- und Menschengestank.

Mal findet sich hier eine Autoschlosserei, mal wird Brot gebacken, die Leute sitzen, essen, trinken Wodka. Packen. Auf der ganzen Welt wird hier am meisten gepackt. Aus einem zweistöckigen Haus haben sie Möbel hinausgetragen. Als ich das nächste Mal komme, stellt sich heraus, nicht nur die Möbel, mehr als zwanzig Leute tragen den Kühlschrank, den Föhn, die Kisten, das Bier auf die Straße. Die Puppe. Den Küchenschrank. Sie hängen Zettel an die Sachen und verkaufen sie. In die Waschschüssel schütten sie Wasser und spülen das Geschirr auf der Straße.

Alle sind auffallend fröhlich, überhaupt lachen die Menschen hier viel. Lauthals. Sie weinen und lachen. Finden sich in Gruppen zusammen. Dann zerstreuen sie sich wieder. Eine Frau im Morgenmantel spült. Zuvor hat sie sich wohl die Haare gewaschen, denn das Handtuch umhüllt ihren Kopf wie ein Turban. Ein Mann schraubt an einem Föhn, sucht nach wertvollen Ersatzteilen, dann knallt er ihn auf den Boden. Der mit dem Schnurrbart bringt von irgendwoher Kartons und versucht, den Kühlschrank für den Transport fertig zu machen. Aber der Lastwagen kommt nicht. Ein Junge schaut sich Langspielplatten an, er ist resolut, deshalb ist er der Erste, die Platten, die ihm nicht gefallen, gibt er an jemanden weiter und der gibt sie wieder einem anderen, so gehen schließlich alle weg, sogar Elvis. Die Frau hört mit dem Spülen auf, sie trinkt ein Bier. Eine andere stellt das saubere Geschirr auf ein Holzbrett, wartet. Es kommt niemand, um den Kühlschrank zu holen. Sie rauchen. Spucken. Währenddessen treffen die Arbeiter ein, die das Welterbe bauen. Sie möchten etwas trinken, Wasser lehnen sie ab. Dann höre ich auf einmal, hinter einem kleinen Fenster, wie die Sopranistin der Stadt mit dem nachmittäglichen Einsingen beginnt. Ein Funkenregen.

Du lumpiges Leben!

Gelächter und Tränen, Spaß und vergebliche Kletterversuche. Hoch auf den Hügel, dann wieder hinunter. Den Schlossberg hinauf, vom Franz-Joseph-Berg hinab. Die beiden sind ein und derselbe Berg. Hier stehen wir, regen uns nicht. Wir trampeln auf der Seele der Stadt herum, wo der neue Stadtname den alten auslöscht, wo das wichtigste Geschehnis ist, dass sich nichts verändert. Der Wind bläst den Staub über den Gehweg. Die Schätze – angeblich gibt es welche! – sind unsichtbar. Sie liegen unter den Kirchen versteckt, sind in die Mauern gemeißelt oder in Skulpturen verpackt, wie die Zehn Gebote. Hier gibt es nur arme Menschen. Wenn du etwas hast, nimmt man es dir in diesem Land angeblich weg. Am sichersten ist es, du läufst in Lumpen herum.

Wenn wir diesen Weg weitergehen, können wir »Leib und Brot« zu uns nehmen. Es ist ein slawischer Brauch, dass der Gast Brot und Salz bekommt, wenn er irgendwo anklopft. Die Ruthenen sind gastfreundlich, aber es ist schon noch ungewohnt, dass jemand hierherkommt, dass jemand in die Ukraine reist und keine Arbeit sucht.

Früher wurden die Vorhänge in den Zügen zugezogen, damit keiner sehen konnte, welcher Fortschritt hier herrschte. Egal, auch jetzt sehen wir das, was damals war. Seit hundert Jahren dasselbe, nichts ändert sich. Aber weiter, wir haben Hunger!

Wir kaufen Salz und Brot. Brot im Brotladen, Salz im Salzladen, im Lebensmittelladen. Auf einem betonierten, gelb und blau gestrichenen Platz essen wir zu Mittag, in der Nähe der armenischen Kathedrale.

Um Punkt zwölf sammelt sich eine Gruppe von Menschen an. Unter anderem auch ein Mann mit Hund. Er ist der Hundestrizzi. Er versucht das Tier auf einen Baum hinaufzuschicken. Auf eine Eiche. Die Zuschauer bekommen Wodka, wenn sie stehen bleiben und ein wenig zusehen. Auf die Plätze, fertig, los! Einige bitten den Hundestrizzi, er solle das arme Tier in Ruhe lassen, aber er reizt den Köter immer weiter.

Die Spannung steigt. Los, du verfluchte, stinkende Töle! Du Schlampe! Lautes Gelächter, der Alkohol tut seine Wirkung, die Leute feuern das Tier an. Aber der Hund rutscht immer wieder ab. Sie grölen, ein Hund könne doch nicht auf einen Baum klettern, jeder seiner Versuche ist erfolglos, aber er gibt nicht auf. Das Tier bellt zwecklos, dann winselt es, aber nimmt wieder und wieder Anlauf. Es lernt aus seinen Misserfolgen nicht – ein fröhliches, doch unangenehmes Mittagessen.

Die Hure ist das Zeichen der Liebe, so nennen sie die, die sie lieben. So wie man auch im Ungarischen oder im Schweizerischen sagt: Das ist ja hurengut!

Mittags ist die Stadt voller Leben, überall Begegnungen. Es gibt noch kaum Büros, deshalb erledigen viele ihre Sachen auf der Straße. Man kauft ein, alles gesondert, Getränke und Brot, Milch, Haushaltswaren. Die Kunden müssen aus einem Laden in den nächsten laufen. Wie das Leben, so findet der Tod ebenfalls auf der Straße statt. Die Beichte, die Liebe und die Geburt. Die Lemberger beten auch auf der Straße. An einer Ecke, am Denkmal für Papst Johannes Paul II. treffen wir eine auf Ukrainisch betende Gruppe an, kaum geht sie, kommt schon die nächste Schulklasse; an der Marienskulptur auf dem Prospekt Swoboda bekreuzigen und verbeugen sie sich, dann rennen sie weiter.

Die Kirchen von Lemberg gehören zu vier christlichen Konfessionen, der römisch-katholischen, der griechisch-katholischen, der griechisch-orthodoxen und der armenischen. Dementsprechend bunt sind die Kirchen der Stadt auch: blau, grün, sandsteinfarben, aber es gibt auch orange- und türkisfarbene, weiße. Leopolis Triplex – so nannte man Lemberg einst, denn innerhalb der Stadtmauer wohnten drei Erzbischöfe. Allein in dieser Stadt waren alle Sprachen und Religionen des ganzen polnischen Reiches vertreten. Polnische, deutsche und italienische Katholiken, ruthenische, griechische und bulgarische Orthodoxe, protestantische Schotten, Muslime und Juden lebten hier zusammen.

Die älteste Kirche ist die Sankt-Georgs-Kathedrale nach römischem Ritus, den Grundstein hat Kasimir der Große gelegt, doch die geheimnisvollste steht gleich daneben, drehen wir uns Richtung Halytsch, sehen wir die Getsemani-Kapelle, sie gehörte dem reichen Tuchhändler György Boim und wurde 1609 erbaut. Es ist ein auffallendes, schwarzes Gebäude. Die Fassade bedecken Steinmetzarbeiten aus der Renaissance, das Innere der Kapelle ist eine Krypta, gespenstisch, dunkel und kalt. Von außen jedoch ist sie wunderschön. Es mag sich seltsam anhören, aber man sagt, wer sie betritt, wird ein langes Leben haben. Die Ukrainerin, die bis zum letzten Jahr die Aufseherin hier gewesen ist, wurde sechsundneunzig Jahre alt.

Die ruthenische Kirche strahlt edle Schlichtheit aus und ist ein Symbol für die Geschichte und das Leben der Ruthenen. Sie wurde aus Naturstein gebaut, ihr einziges Schiff gliedern toskanische Säulen. Wenn wir sie durch den Hinterausgang verlassen, gelangen wir geradewegs auf den ruthenischen Friedhof. Das einstige jüdische Viertel befindet sich um die Synagoge mit Namen Goldene Rose. Die jüdische Bevölkerung wurde im Zweiten Weltkrieg aus Lemberg ebenso wie aus Czernowitz verschleppt.

Die Kathedrale der Armenier ist ein Ort der Pracht und der Demut, angeblich werden in ihr auch heute noch Zeremonien abgehalten. Die Umrisse der Passionsbilder an der Wand stammen von Impressionisten der Jahrhundertwende, die Einheimischen erklären das damit, dass die Maler, auf dem Weg hierher, in der Eile vergessen hätten, die Figuren auszuführen, so seien nur diese ausdrucksstarken Bilder geblieben. Die Schatten einer armenischen Beerdigung huschen über die Wand. Die Straße der Armenier ist archaisch, mittelalterlich, eine enge Gasse, verziert mit schmiedeeisernen Toren.

Wir essen sogar zweimal hier in der Nähe zu Abend, einmal in einem libanesischen Restaurant eine libanesische Suppe, und ein anderes Mal in der Gaststätte einer patriotischen Polin Borschtsch. Das patriotische Essen kostet zweimal so viel, wohl wegen der polnischen Touristen, die in regelrechten Trupps eintreffen. Der Libanese ist auch patriotisch, nur anders.

Einst hausten die armenische Kolonie und der polnische Osten gemeinsam in diesem Teil der Stadt. Armenus crinitus, aromate divus, wie Sebastian Acernus sagte, der mit seinem Gewürz-, Teppich- und Perlenhandel eifrig expandierte und in dieser Straße eine Filiale eröffnete. Später aber auch in Amsterdam. Die Gegend um die armenische Kathedrale ähnelt dem ruthenischen Viertel. Die Kirche ist klein, etwas in den Boden versenkt, im Laufe der Zeit wurde sie häufig umgebaut, sie ist eines der ältesten Gebetshäuser. Ebenso wie die Sankt-Georgs-Kathedrale wurde auch sie bereits zur Zeit Kasimirs des Großen erbaut. An ihrem Eingang stand die armenische Bank, die als ein von den Priestern geführtes Pfandhaus fungierte und die Kirche bereicherte. Heute kann man hier Ansichtskarten kaufen.

Lemberg galt als das Zentrum der galizischen Armenier. Manche meinen, sie seien aus Ani geradewegs nach Ruthenien gewandert und hätten schon 1183 eine Holzkirche in Lwow errichtet. Das ist natürlich sehr fraglich; glaubhafter ist vielleicht, dass der ruthenische Fürst Lew bei der Gründung der Stadt für sie die neuen Wohnorte im nördlichen Teil bestimmt hat, Kasimir der Große ihnen dann eine eigene Gesetzgebung garantierte und sie das Recht zur freien Religionsausübung bekamen. Die Armenier haben sich immer alles erkämpft, daher besaßen sie auch eigenständige Rechte. Sie waren reich, trieben Handel mit Polen, Ungarn und später auch mit der Monarchie. Da sie in ständiger Verbindung mit dem Mutterland waren, trafen nach und nach neue Auswanderer ein; so siedelten mehrere Tausend Armenier zu Beginn des fünfzehnten Jahrhunderts hierher um, doch nicht direkt aus dem Mutterland, sondern aus anderen ruthenischen Städten, so etwa aus Kuty, das eine ihrer beliebten Zwischenstationen war.

Die Armenier gelangten später bis an das Ufer der Amstel und verbanden so den Westen mit dem Osten, Amsterdam mit Lemberg. Angeblich tranken die armenischen Rinderhändler aus Lemberg, als sie seinerzeit mit ihren Karawanen aus Maramureş zurückkehrten, des Abends ungarischen Wein. Später, als ihre vermittelnde Tätigkeit im Laufe der Geschichte nicht mehr notwendig war, vor allem in der Zeit von Österreich-Ungarn und während der Sowjetunion, löste sich die Gemeinschaft auf. Jetzt trinkt in Lwiw jeder nur noch Wodka. Auch der Hundestrizzi und sein Publikum. Kluges Hundchen, so ein geschickter Sobaka – streicheln sie ihn. Das Tier fletscht noch immer glücklich und stolz die Zähne, denn es ist ganz trunken von seinem sinnlosen Erfolg. Es dreht den Kopf hin und her, hechelt. Da kann man nichts machen, der

Hund kommt nicht hoch, er klammert sich nur fest, bemüht sich, doch vergebens, am Ende wird ihm schwindlig, und er streckt sich auf dem Boden aus.

Polen, Österreicher, Polen, Sowjets und Wanda

»Es war eine Offenbarung, die damals stattfand, eine plötzliche Vision von der strahlenden Schönheit der Welt, das Eintreffen dieser glücklichen Botschaft, der besonderen und geheimen Kunde von den unfassbaren Möglichkeiten des Daseins. Atemberaubende Horizonte, schroff und krass, standen nun weit offen, die Welt zitterte und bebte in ihren Angeln, sie neigte sich gefährlich und drohte alles Maß und alle Regeln zu durchbrechen.

Was ist für dich, lieber Leser, eine Briefmarke? Was bedeutet dir das Profil von Franz Joseph I. mit seiner lorbeerbekränzten Glatze? Ist es nicht das Symbol der Alltäglichkeit, die Determination aller Möglichkeiten, die Gewähr für die unüberwindlichen Grenzen, in denen die Welt für alle Zeiten eigeschlossen ist?

Seinerzeit hatte Franz Joseph I. die Welt von allen Seiten umzingelt, vor ihm gab es kein Entrinnen.«

Die Welt ist klar: Für Bruno Schulz ist es Galizien. Im Frühling staubig, aber dann erblüht es, diktatorisch, besorgt, kämpferisch und vorsichtig. Die Österreicher haben nicht genug auf Galizien aufgepasst, auch die Polen nicht. Es kamen die Sowjets. Dann wollten auch sie es nicht für immer, zum Glück. Eine Zeit lang waren die Sowjets die Herrscher, davor die Polen und davor die Österreicher. Gibt es heute keinen Herrscher mehr? Herrscht heute Demokratie?

Hahaha.

Der Schriftsteller Bruno Schulz, der berühmte Magier Galiziens, war der Sohn eines jüdischen Tuchhändlers aus Drohobytsch, den Witold Gombrowicz, einer der bedeutendsten polnischen Schriftsteller, in sein Herz schloss. Als die Sowjets im Zweiten Weltkrieg Lemberg umlagerten, das sich damals in polnischer Hand befand, war es ausgerechnet die Literatur, die den Putsch inspirierte, in dessen Folge die polnischen Schriftsteller und Intellektuellen Galiziens und schließlich sogar die gesamte polnische Bevölkerung verschwanden; sie flohen, versanken im Boden oder wurden mit Gewalt verschleppt, umgesiedelt, wanderten aus.

Das Ganze begann mit einem literarischen Bankett, ausgerichtet vom Innenministerium der UdSSR. Selbstverständlich schrieb man den Namen des »Gastgebers« nicht auf die versandten Einladungen. Das Bankett fand 1940 statt, die Sowjets waren schon sehr viel früher, bereits 1939, in die Stadt gekommen. Offiziell organisierte die Literaturzeitschrift *Rote Fahne* die Zusammenkunft. Viele meinten gutgläubig, der Abend könne zu einer oppositionellen Geschichte werden, zudem war eine der Hauptorganisatoren die polnische Schriftstellerin Wanda Wasilewska. Wasilewska wurde bald Stalins Lieblingsautorin, selbstverständlich konnten das die damals eingeladenen polnischen Schriftsteller noch nicht wissen.

Von Wanda hatten sie zu der Zeit nur ihre realistischen Romane über das Leben der polnischen und ruthenischen Bauern in Galizien gelesen, und die mochten sie, am Ende mussten sie immer weinen, wenn die aufständischen Bauern unschuldig von den polnischen Aristokraten hingerichtet wurden. Sie wussten zwar, dass Wanda Mitglied der Polnischen Sozialistischen Partei war, jedoch nicht, dass die sowjetische Rote Armee sie später für ihre heldenhafte Organisationsarbeit auszeichnen würde.

Das rote Bankett war für die Polen verhängnisvoll. Nach der Eröffnungsrede, als Wanda mit ihrer Agitation zu Ende war und sich an die Wand lehnend zurückgezogen hatte, ihre langen Wimpern senkte und schwieg, traten bewaffnete Männer des sowjetischen Innenministeriums durch die Tür und verhafteten die Akteure des polnischen literarischen Lebens von Lemberg. Wasilewska floh zuerst nach Kiew, von dort dann nach Moskau. Stalin fand angeblich wegen ihr Gefallen an der polnischen Literatur, sie erzählte ihm viel davon und von ihrer Heimat Galizien. Gemeinsam schlossen sie die armen lumpigen Bauern in ihr Herz.

Und so erfolgte die Offenbarung, die plötzliche Vision von der strahlenden Schönheit der Welt, das Eintreffen der glücklichen Botschaft, der besonderen und geheimen Kunde von den unfassbaren Möglichkeiten des Daseins: Wanda.

Parallele Ungleichzeitigkeit

In der Unterkunft gibt es kein Warmwasser, aber wir bekommen ein pompöses Frühstück. Die heiße Dusche fällt also aus, ich gebe mich mit dem eiskalten Wasser zufrieden. Das macht mich wenigstens wach. Unser Frühstück serviert die Kellnerschule, die etwa über fünfzehn Auszubildende verfügt. Grundschüler singen im Saal ukrainische Volkslieder für die Schüler aus der polnischen Partnerschule, dann umgekehrt, uns interessiert aber nur unser Frühstück, weil das ein wahres Erlebnis ist. Für das Frühstück muss man natürlich ein Stück zu Fuß zurücklegen, bis zu der Schule mit den Geranien vor den Fenstern. In der Aula steht schon das kalte Buffet bereit. Fleischklöße, Kraut, Beilagen, *Hleb,* also Brot.

Pompös und lecker, der Kaffee ist schlecht, aber der Tee ausgezeichnet.

Die Leiterin der Kellnerschule ist eine vollbusige Blondine, über ihrer Brust baumelt die Pfeife, aber sie bläst nicht hinein. Es ist nicht nötig, die Disziplin ist perfekt.

Die Kellner und Kellnerinnen rennen sofort los, wenn sie eine Schüssel in die Hand bekommen. Meistens zwei auf einmal, die anderen dreizehn warten, bis der Kaffee fertig ist. In der Küche arbeiten ungefähr weitere zehn, sie spülen in Smoking und Blazer. Die Uniform ist Pflicht. Schwarz mit goldenem Saum. Einige Mädchen tragen Pumps. Ihre Haare sind zum Pferdeschwanz zusammengebunden, sie sind stark geschminkt, haben tigergemusterte oder rosafarbene Blusen an. Nur manche haben ganz bunte Blusen bekommen, sie sind wahrscheinlich im letzten Lehrjahr.

Uns bleibt der Mund offen stehen, sogar uns Frauen. Die weiblichen Lehrlinge der Kellnerschule sind nämlich mindestens so hübsch wie die Anwärterinnen auf die Königinnenkrone beim Ball von Balatonfüred oder wie die einst recht dubiosen Teilnehmerinnen des Schönheitswettbewerbs zur Miss Hungary. Gyula, dem Kameramann, und Gábor, dem Philosophen, gefällt die Kellnerin in den weißen Stiefeln am besten. Mir auch. Sie hat den sanftesten Blick, die zartesten Hände und das angenehmste Parfum. Über ihre Füße erfahren wir kaum etwas, aber das ist ja der Trick.

Die Kellnerschule ist die erste Begegnung mit ukrainischen Mädchen. Danach kommen noch eine zweite, eine dritte, unzählige Begegnungen, als wir in die Stadt fahren und die Russische Straße, die Jüdische Straße, die Honig- und die Milch-Straße entlanggehen. Es kommen uns lauter groß gewachsene, fröhliche Frauen mit strahlenden Augen entgegen. Die schönste und die hässlichste Frau der Welt sehe ich hier in der Ukraine, auf dieser Reise. Die schönste in Lemberg, auf der Terrasse des Wiener Cafés. Die hässlichste in Uschhorod, in einem Spielsaal.

Hermann Bausinger hat den Begriff der parallelen Ungleichzeitigkeit nur bei besonderen volkskundlichen Erscheinungen verwendet. Der Ethnograf versuchte damit, Momente zu beschreiben, in denen scheinbar nicht zusammenpassende, aus unterschiedlichen geschichtlichen Zeiten stammende Phänomene in einer Kultur parallel zur Geltung kommen. Beispielsweise: Im Stall des Landarbeiters steht schon der neue Traktor, ein rostiger alter Sowjet-Traktor – aber egal –, sein Nachbar pflügt jedoch noch mit dem Ochsen, der einen Holzpflug hinter sich herzieht. Beide ernten zur gleichen Zeit. Im Land der Ruthenen begegnet man zahlreichen Fällen dieser Art.

Das Schönste und das Hässlichste leben zusammen.

In Leopolis verbringen wir zweieinhalb Tage. Dann machen wir uns wieder auf den Weg in die Gegenwart. Doch zuvor suchen wir noch unsere letzte Station auf, das Domino. Wo das Licht zwar aufscheint, aber die letzte Hoffnung leider verloren ist, und der Grund dafür ist wieder einmal die Gebärmutter.

Das Ende: nur ein Spiel

Dort, wo die Gegenwart unsicher ist und es sicher keine Zukunft gibt, spielt man am meisten, denn man hat nichts zu verlieren. Im Spielsaal ist die Welt so wie draußen, nur dichter, kompakter, aufregender, und man kann schwer aus ihr heraustreten. Las Vegas, Monte Carlo, Uschhorod.

Auf der Heimreise übernachten wir wieder in Uschhorod. Bei der Hinfahrt waren wir müde, auf der Rückfahrt sind wir schon entspannt. Wir haben Galizien gesehen, stecken voller Erlebnisse und gehen daher am Abend ausgeruht in die Innenstadt. In Budapest und Krakau beginnt um diese Uhrzeit das Leben. Es ist elf Uhr nachts. Die Disco ist geschlossen, das Havanna Café hat schon zu, das Lokal mit den Palmen, das uns einige empfohlen haben, schließt auch gerade die Türen. Wir fragen die Taxifahrer, was es noch gibt, sie bieten uns eine lange Rundfahrt zum Rotlichtviertel an, empfehlen uns Pornokinos, aber das ist nicht das Wahre. Frauen werden dort gar nicht hineingelassen, nur wenn sie extra zahlen, dann schon, ja sicher, dann sie auch.

Aber zum Glück erblicken wir, bevor wir beschließen, nach Hause zu gehen, das Domino.

Das Domino ist wundervoll. Es hat Geruch und Farbe. Es stinkt und ist rosa.

Nackte Busen, Herzen und Blondinen drehen sich auf den Rädchen des einarmigen Banditen statt Birnen, Himbeeren und Kirschen. Es gibt auch einen Pornoflipper. Ausgebrannte, ein wenig abgenutzte Neonlichter in Rot, Orange und Rosa. Und doch spielt niemand. Sie haben wohl kein Geld mehr, denn als wir eintreten, sitzen sie nur noch herum.

Bestellen kann man alles, Wein, Bier, Limonade, Kaffee, wir setzen uns neben den Kühlschrank, jeder kann jederzeit hineingreifen. Es sind nur wenige Gäste da. Aber gerade genügend, um für Lärm und Rauch zu sorgen. Die Bedienung ist auffallend freundlich, ständig schenkt sie nach. Hinter dem Saal, in dem wir Platz nehmen, ist noch ein anderer. Auch hier stehen Automaten, aber es ist dunkel. Ich suche die Toilette, also muss ich ihn durchqueren. Ich taste nach dem Lichtschalter, kaum leuchtet das Licht auf, rennen Hunderte von Kakerlaken über den Boden, sodass ich es schnell wieder ausmache. Jemand liegt auf dem Boden. Es gibt keine andere Tür, so viel habe ich in dem kurzen Moment des Lichts noch sehen können. Im Domino gibt es keine Toilette. Man muss hinter das Haus gehen.

Aber da sitzt noch ein Hindernis, das es erschwert, in den hinteren Saal zu gelangen.

Wenn jemand nach hinten gehen will, muss er an einer großen, blonden Frau mit prallen Brüsten vorbei. Sie ist unumgänglich, nicht zu übersehen, denn sie sitzt genau zwischen den beiden Sälen.

Ein einzigartiger Anblick.

Man kann sich angeblich im Laufe seines Lebens mehrere Tausend Gesichter merken und noch wesentlich mehr wahrnehmen.

Sie ist hässlich. Einzigartig hässlich.

Dieses Wort drückt niedergeschrieben zu wenig aus, in Wirklichkeit ist sie noch viel hässlicher gewesen.

Aber keiner kann die Augen von ihr wenden.

Sie ist anziehend.

Die hässlichste Frau der Welt, die ich je gesehen habe, sitzt im Domino. Aber sie ist nicht allein. Sie hat viele in der Hand. Ihr volles blondes Haar bedeckt einen Teil ihres Gesichtes. Die Farbe ist halb herausgewachsen, es könnte auch eine Perücke sein, ist es aber nicht. Ihre Haut ist braun, fast schwarz. Als hätte sie in einem Solarium einen Sonnenbrand bekommen oder als hätte sie jemand angesengt. Sie ist traurig, das macht sie ein wenig schöner. Ihre Augen sind blau, vielleicht, ihre Augäpfel schimmern rot. Sie trägt riesige weiße Pumps, sitzt in einer schwarzen Lederjacke da, sagt manchmal was, erklärt etwas, dann schweigt sie lange. Mit ihren langen, pinkfarbenen Nägeln rührt sie in dem mit Orangensaft verdünnten Wodka. Ihre Brustwarzen sind durch die rote Bluse zu sehen. Sie zündet sich eine Zigarette an.

Jemand fasst sie an der Hand, vielleicht will er Geld von ihr, ich verstehe es nicht genau, aber auf einmal reicht sie ihm einen Schein. Sie hat anscheinend viel Geld. Sie zieht den Schein hervor, wickelt ihn um ihren Finger, schnippt mit dem Fingernagel dagegen. Vielleicht gehören ihr hier einige der Automaten. Der mit den Titten. Oder der andere mit den Herzen. Oder der, auf dem die Kirschen leuchten, der auch. Ebenso wie der hintere Saal, oder einfach alles, auch der Mann, der sie um das Geld bittet. Und der andere, der am Abend hinten gestorben ist. Und die Bedienung, die Gäste, auch wir sitzen eigentlich in ihrem Schoß.

Jeder, der das Domino betritt, steht in ihrem Dienst, kann seine Gegenwart und Zukunft in den Schoß der Frau mit den blonden Haaren werfen. Wie beruhigend dieser Schoß wohl ist, wie eine Gebärmutter. Oder eine Schüssel Kirschen. Ein Schmuckkästchen in der Nacht. Mit dem Geruch von Wodka. Ein bisschen verquollen, rot, ohne Vergangenheit und ewig wartend.

Ich muss aufs Klo, wir machen uns auf den Heimweg. Einige von uns klagen über Brechreiz.

Andere bleiben, das Domino ist ein magischer Ort.

Wer einmal dort gewesen ist, wird ihn nie mehr vergessen.

Genau auf halber Strecke in Richtung Lemberg.

DIE ENGLISCHE SCHULE

Erinnerungen an Gödöllő

Ich weiß nicht, wie eine englische Schule ist. Lilla, meine Reisegefährtin weiß das vielleicht, sie lebt gerade in London. Sehr frei ist sie wohl, die Schüler haben das Sagen. Stell dir vor, angeblich schreien sie den Lehrer an. Wirklich? Klar, sie bespucken ihn. Bedeutet eine englische Schule denn nicht Uniform, Disziplin und Sport? Ach, Quatsch! Keine Angst, so schlimm ist es da nicht! – Sie winkt ab, gleichsam beiläufig, und schießt die nächsten Fotos. Ich suche nach Ausdrücken: Anarchie, Entfremdung, Liberalismus.

Das sind Wörter, die meine Großmutter ganz sicher nicht verwendet hat. Zumindest habe ich sie nie von ihr gehört, dabei habe ich mich bemüht, auf alles zu achten. Sie verbrachte ihr Leben daheim, in ihrem Haus, und in der Schule. Wenn sie merkte, dass ich nicht auf sie hörte, dann sorgte sie eben dafür. Sie hatte da so ihre Methoden, denn sie war Lehrerin. Meine Großmutter hatte jedoch nie kreidige Hände, sie lackierte sich die Fingernägel, färbte ihre Haare, trug Nylonstrumpfhosen und ging einmal im Monat zur Pediküre, sie mochte Lederschuhe und Lederhandtaschen. Sie hätte getrost einige Modezeitschriften abonnieren können, aber damals gab es nur eine einzige Illustrierte bei unserem Zeitschriftenhändler, und auch die war voll mit Parteipropaganda. Den obligatorischen Schulkittel trug sie vermutlich nicht gern, aber sie zog ihn an, damit nicht auffiel, was sie nicht mochte. So wie sie auch von dem roten Halstuch nicht besonders begeistert war, dabei waren ihre Schüler Junge Pioniere, sie unterrichtete ihr ganzes Leben in der Grundschule, deshalb trug sie auch gar nicht das rote, sondern das blaue Halstuch. Immer gab es die eine oder andere Familie, deren Kinder nicht vereidigt werden konnten, diese Sonderlinge betrachtete sie nicht allzu wohlwollend. Sie hielt sie für bigott. Natürlich schämten sich die Kinder auch eher dafür, dass sie aus der Reihe tanzten.

Nach dem Gedenkbuch der Schule von 2001 wollte damals jeder Pionier werden, aber das stand im Prinzip nur Schülern zu, die es sich mit ihren Taten und ihrem Betragen verdient hatten. Schließlich wurde es aber jeder, auch derjenige, der sich nicht ordentlich benahm (sagen wir, der liberal war), und auch die Braven. Die Ausnahmen machten zu viel Mühe, für sie begeisterte sich niemand. Am besten war es, die Anweisungen zu befolgen. In der Schule herrschte ein erzwungener Teamgeist. Als dann auch die Parteisekretärin sich kein Halstuch mehr umband, durften es die Lehrer ebenfalls ablegen. Aber das war erst im Jahr 1986. Zu spät. Meine Großmutter unterrichtete da schon nicht mehr, sie war bereits in Rente. Im Schuljahr 1980/81 übernahm sie ihre letzte Klasse.

Im Sommer trug sie Miniröcke wie all die anderen Frauen, die Rektorin inbegriffen. Sie zog hochhackige Pumps an, auch unter der Woche. Jeden Morgen stolzierte sie die lange, sandige, gerade Straße entlang, unter ihren Absätzen knirschten die Sandkörner. Die Schule am Ortsende hatte eher dörflichen als städtischen Charakter, ein Gebäude mit vier Klassensälen, zwar befand es sich in der Nähe des Schlossparks, hatte aber, was den Baustil anging, nichts mit ihm gemeinsam. Jahrelang wurde herumgebaut, um das Gebäude zu erweitern, es entstanden verschiedene Entwürfe, aber man konnte es nicht vergrößern. Ursprünglich war es eine Mädchenschule gewesen, hier hatte sie dreißig Jahre unterrichtet.

* * *

Wir suchen nach Beweisen. Ich öffne das alte Album und sehe mir das Schulgebäude an. Statt der alten Schule stoßen wir ständig auf die neue, zusammenmontierte englische Schule in der Légszesz-Straße. 1974 wurde klar, dass die Mädchenschule mit den vier Klassensälen zu eng für so viele Kinder war, das Dorf wurde zur Stadt ernannt, und wie in jeder frischgebackenen Stadt, so schossen auch hier die Wohnsiedlungen wie Pilze aus dem Erdboden. Noch im gleichen Jahr fand an einem warmen Sommervormittag die Eröffnungsfeier der neuen Plattenbauschule statt. Die Lehrer in Anzügen mit Schlaghose, die Kolleginnen in Miniröcken – sie saßen in der ersten Reihe, die Schüler in weißen Pionierhemden, dunkelblauen Röcken und Hosen, weißen Socken, Lackschuhen. Sie schworen auf die sozialistische Zukunft, sie glaubten, es könnte keine böse Überraschung geben. Die Schule am Ortsende hatte damit ein wenig an Wert eingebüßt, die Grundschullehrer und die unteren Klassen waren im alten Gebäude geblieben, sie sind auf den Schulbildern nur recht schwer zu finden. Damals war ich ein halbes Jahr alt.

Ich wurde an einer Ecke jenseits des Baches geboren, in der heutigen Nervenheilanstalt, damals war das noch eine Geburtsklinik. Wir wohnten zwanzig Häuser weiter, die Straße abwärts, in Richtung Isaszeg. Es schien eine unglaubliche Entfernung. Der kleine Laden, die Csipke-Straße, das alte Gizella-Bad, dann waren wir da. Als ich viereinhalb wurde, lag ich meiner Großmutter in den Ohren, ich wolle in die Schule gehen. Beziehungsweise stimmt das so nicht ganz genau: Ich wollte einen Ranzen, ein Mäppchen, einen Gürtel und ein Halstuch. Schließlich bekam ich eine Pionierpfeife, eine blaue, mit einer Kordel, und in der Großen Gruppe im Kindergarten bekam ich dann auch den Ranzen. Die knallrote Aktentasche aus Kunstleder war die alte Schultasche meiner Großmutter gewesen, die ich sofort mit blauem Filzstift vollkritzelte. (In der dritten Klasse, bevor sie endgültig zerriss, schrieb ich EDDA, den Namen einer Rockband, darauf und dekorierte sie mit Nieten.)

Jede Woche gingen wir mindestens einmal an der Schule vorbei, ich mochte etwa sechs gewesen sein und quengelte, meine Großmutter solle mich, da ich schon groß genug sei, in die Légszesz-Straße bringen. In das neue Gebäude, den grauen Plattenbau wolle ich gehen, der habe Zukunft. Aber sie brachte mich in die Schule am Ortsende. In die alte. Mit sechs wurde ich schließlich eingeschult.

Zu Hause in der Küche bastelten wir ein Klassenbuch, schnitten ein Zeugnis aus, malten eine Tabelle für das Einmaleins und für die Deklinationen. Ich besaß ein Lineal und einen Zirkel, einen Bleistift und einen Radiergummi, ein österreichisches Mäppchen von meinem Onkel aus Graz, wir hatten es samt Buntstiften gekauft. Als ich mit sechseinhalb tatsächlich in die Schule kam, konnte ich noch keinen einzigen Buchstaben lesen, weil es nach Ansicht meiner Großmutter ungesund sei, etwas vorzeitig zu lernen. Wenn ihr im Stoff so weit seid, dann lernst du es schon, sagte sie.

Fragte man mich, was ich werden wollte, wenn ich groß wäre, sagte ich: Schulkind.

* * *

1974 mussten auch zwei englische Arbeiter damit beauftragt werden, die Fehler auszubessern: die ungarischen Bauarbeiter hatten das mobile Schulgebäude zwar in hundert Tagen zusammenmontiert, aber es stand nicht richtig. Der englische Bauleiter hatte sich sehr gesorgt, denn aus den geplanten dreißig Tagen waren hundert geworden. Die Elemente hatte man nach dem Typenplan der Firma

Glaasp in Schottland anfertigen lassen, und dort hatte noch alles gut gepasst, sie verstanden nicht, was im Osten passiert sein mochte. Als die Bauarbeiten begonnen hatten, zögerte das langsame Tempo der ungarischen Arbeiter, die zwischendurch gemütlich ihr Bierchen tranken, die Fertigstellung so lange hinaus, dass der englische Bauleiter einen Nervenzusammenbruch erlitt und nach Hause fuhr.

Sogar die elektrische Klingel vergaßen sie einzubauen. Im Nachhinein stellte sich heraus, dass das aber nicht die Schuld der ungarischen Bauarbeiter gewesen war. Die Engländer haben alle eine Uhr, bei ihnen gibt es deswegen nirgends eine Klingel, jeder weiß genau, wie spät es ist. So bekam die Schule eine große, gegossene Glocke. Sie wurde gestohlen und durch eine mickrige Kopie ersetzt. Heute klingelt der jeweils Zuständige am Schultor mit ihr.

Die Garantie für die neue Schule betrug zehn Jahre, wenn die Kinder aus der Wohnsiedlung Stromfeld groß wären, sollte sie abgerissen werden. Aber sie steht heute noch. Die Sorge der Engländer haben wir längst hinter uns. Als Lilla und ich zurückgehen, halten dieselben Platten die Lehranstalt zusammen wie 1974. Man hat die Ritzen ein bisschen ausgestopft, in die langen Öffnungen Isolierschaum gespritzt, die Fenster ausgetauscht, daneben ein Schwimmbad gesetzt, das Gebäude mit sechs Klassensälen aufgestockt und die Werkstatt zu einer Sporthalle umgestaltet. Die Schule sieht heute von außen noch wie vor dreiunddreißig Jahren aus, als meine Großmutter sich auf den Weg zur Eröffnungsfeier gemacht hat.

Die englische Schule ist im Winter ein wenig kalt und im Sommer zu warm. Das ist nicht verwunderlich, bei uns ist die Witterung recht extrem. Es ist die zweite Juniwoche. Nur noch drei Tage bis Schuljahresende. Das merkt man auch daran, dass die Schüler lauter als sonst schreien, herumtoben und brüllend lachen. Sie haben keine Lust zu gehorchen. Zu gehorchen zählt jetzt nicht mehr. Genauso wie in einer englischen Schule.

Wir kommen in der großen Pause an. Auf einmal erklingt die Handglocke, die Kinder verschwinden in den Klassensälen. Zwar steht an der Tafel, bald sind Ferien, trotzdem lernen sie noch Tiernamen. In einer anderen Klasse malen sie Buchstaben. Die Lehrer, die eine Freistunde haben, setzen sich zu einer kurzen Konferenz zusammen, um zu besprechen, wie sie ab dem kommenden Jahr die digitalen Tafeln benutzen. In dem Klassensaal, in dem meine Großmutter unterrichtet hat, üben sie die Deklination und Fragewörter. In einer der unteren Klassen wird das Betragen in der vergangenen Woche mithilfe von ausgeschnittenen Marienkäfern, Schmetterlingen, Würmern, Spinnen und Maikäfern bewertet. Im Schwimmbad stehen die Zweitklässler diszipliniert am Beckenrand, auf die Plätze, fertig, los! Auf Kommando springen sie alle ins Wasser. Sie schwimmen bis zum Beckenende, klatschen an die Wand und klettern sofort hinaus, weil der Lehrer schon die nächste Bahn schwimmen lässt.

Nach Meinung der Engländer kann man eine solche Schule in dreißig Tagen aus Platten zusammenmontieren, aber wir haben Monate dafür gebraucht, es waren damals nämlich nicht nur unsere Facharbeiter zu der schottischen Firma gefahren, sondern auch einige Geschäftsführer. Das hat natürlich nichts mehr mit dem Stand der Dinge heute zu tun, der englische Bauleiter ist auch schon längst in Rente gegangen. Er trinkt seinen Ceylontee, so gegen fünf, und es kommt ihm gar nicht in den Sinn, dass die ungarischen Arbeiter, die zwischendurch gemütlich ihr Bierchen schlürften und herumsaßen, die Schule mit der längsten Lebensdauer in Gödölő zusammengesetzt haben.

* * *

Sie war Lehrerin. Sie unterrichtete in der Klebelsberg-Schule, in dem Gebäude, das spitz zur Straßenecke zuläuft; mit seinen dicken, kühlen Mauern, den großen, hohen Fenstern, der damaligen Zeit entsprechend gelb und grün gestrichen. Die Fensterläden spenden im Sommer kühlen Schatten und schützen vor dem Staub der Straße. Drinnen gibt es auch einen kleinen Speisesaal, früher war das ein Klassenraum, aber jetzt, da es nicht mehr so viele Schüler gibt, werden die provisorischen Säle nicht mehr gebraucht. Im Speisesaal Lärm, Schulgeräusche, Essensduft und Hortgeruch. Als die Klingel läutet, rennen die Schulkinder auf den Hof; sie klettern, hängen kopfüber, zeigen gern, was sie können. Sie necken einander, die Jungs die Mädchen und umgekehrt. Einer von ihnen spielt sich zu sehr auf, er fällt beim Fotografieren auf den EU-genormten Gummibelag. Dann springt er schnell auf, schämt sich vor den Mädchen, weil er sich wehgetan hat.

Aus der Distanz von vierzig Jahren lässt sich wohl kaum ein Schreibtisch wiedererkennen. Dann klappt es aber doch: Wir finden die linierte Tafel, die Deklinationen, das Einmaleins, den Abakus und die Silbentrennungen zum leichteren Lesen. Die Bank zum Nachsitzen und das Heft für den Klassendienst. Es hat sich fast nichts verändert, überall noch alte Fingerabdrücke, Gekritzel auf den Holztischen, die Fotos von Miklós Mészöly und László Benjámin hängen an der Wand.

Meine Großmutter war angeblich ziemlich schroff, wenn sie jemanden nicht sonderlich mochte, gab sie ihm einen Klaps auf den Kopf. Sie brüllte und scheuchte ihn aus dem Klassensaal, sie konnte ungerecht sein, weil sie immer dieselben bestrafte und immer dasselbe Mädchen bevorzugte. Vermutlich verursachte sie Wunden, über die die Schüler nie hinwegkamen. Wer mag die Lehrer schon? Jeder hat mindestens einen Lehrer in seinem Leben, der ihm die Schuljahre verleidet hat, den er immer hassen wird. Meine Großmutter hatte jedoch mehrere Schüler, die sie bis an ihr Lebensende besucht haben, so sehr mochten sie sie.

Ja, sicher, ich erinnere mich. Sie trug immer Schuhe mit hohen Absätzen. (Weil sie klein war und lieber größer gewesen wäre.) Morgens kam sie mit dem Mofa, am Nachmittag ging sie auf den Markt. (Sie wohnte weit vom Zentrum, konnte nicht Auto fahren, und einen Supermarkt gab es damals noch nicht.) In ihren Pumps trat sie das Mofa an, im Herbst und Winter setzte sie sich mit Kniestrümpfen drauf. In einem orangefarbenen Ledermantel, mit Kopftuch. Die Schüler staunten nur so. Sie ging mit ihnen in den Isaszegi-Weg, um Sprösslinge zu pflanzen, dort wurden die Sachkundestunden gehalten. (Natürlich kam auch bei uns zu Hause jede Hilfe recht, denn unser Garten war groß, ich erinnere mich, als die Schüler bei uns die Kastanien aufsammelten, sie schufteten da im Garten.)

Ihre letzte Klasse war *die* Klasse. Sie mochte sie sehr, sagt eine ehemalige Kollegin. Und doch fehlt sie auf dem Klassenbild. Bei den Lehrerausflügen finde ich ihr Gesicht nirgendwo im Album. Im Schularchiv vorerst keine Spur von ihr. Ein wenig nervös suchen wir ihr Andenken, wir wollen endlich ein konkretes Zeichen sehen, dass sie hier gearbeitet hat. Der Musiklehrer, der nach Deutschland gegangen ist, der Parteisekretär, der Redakteur der Schulzeitung, der Leiter der Ferienlager, die besten Sportler, die besten Schüler – alle sind sie da. Von ihr keine einzige Zeile im Gedenkbuch.

Ein Parteibuch hatte sie nicht, da kann sie auch nicht sein, an den Ferienlagern hat sie nicht teilgenommen, da auch nicht, und vor den Fachzirkeln hat sie sich ebenfalls eher gedrückt. Sie hatte keine nach Frigyes Karikás benannte Auszeichnung. Auch keine Alfréd-Hajós-Gedenkplakette. Dann taucht sie zum Glück unter den Sportwettbewerben der Schulen doch auf, als begleitende Lehrerin.

* * *

Der Isaszegi-Weg. Eine lange, mit Kopfstein gepflasterte, sandige Dorfstraße bis zum Stadtrand. Eine feste Gerade. Sie führt später über die Gleise, bis zum Botanischen Garten. Die alte Tante Nusi, die Jacken strickte, Onyestyák. Zajzon, Koppány, Csanád und Zsombor, ich zähle die Nachbarn, wir kommen bei unserem Haus an, Lücken in der Namensliste. Ich versuche, die Zimmer zuzuordnen, aber auch das gelingt mir nicht allzu gut. Hinten, in der Arztpraxis meines Großvaters, ein Abstellraum für Wäscheständer und Bügelbrett. Die Bäume auf dem Hof: Nuss, Kastanie, Pflaume, Pfirsich, Sauerkirsche, Süßkirsche.

Grün, ja, an diese Farbe erinnere ich mich am genauesten. Stattdessen ein rostiger, abgeblätterter Eisenzaun. An grauen, diesigen Wintermorgen sehne ich mich hierher, als wäre hier irgendetwas – egal was – gewesen. Jetzt, da wir es auch noch bildlich festhalten, ist der Betrug sonnenklar: Hier ist nichts mehr, das so wäre. Hässliche, verzerrte, verlogene Erinnerungen. Ein Durcheinander. Ihnen auch nur irgendetwas anzulasten, wäre eine Lüge.

Dabei ist Grün beruhigend, als Bild würde es jeder gern in einer Dunkelkammer entwickeln. Lumpig. Leblos, rostzerfressen. Scheiße, ein verlassenes Haus. Die Hälfte ist aus Lehm. Es ist verfallen. (Ein Schloss, in dessen Garten ich mich früher verirrt habe!) Wenigstens klar sehen, wie eine falsche Erinnerung allmählich braun wird – sagt Lilla –, diszipliniert und langsam verrinnt. Man kann sie nicht zudrehen wie einen Wasserhahn, damit er nicht fließt.

* * *

Meine Großmutter war Lehrerin, aber der Sport wurde ihr ein und alles. Sie wollte die Meister des Fußballs und Turnens sehen. Sie ist an Nierenkrebs gestorben. Als sie nicht mehr fernsehen konnte, stellten wir ihr ein Radio ans Bett. Als sie auch das nicht mehr hören konnte, suchten wir ihre Augen, versuchten wir sie einen Spalt weit, einen Ritz breit offen zu halten, und ihnen erzählten wir die perfekte Bewegung der Sieger. Da freue ich mich, sagte sie und seufzte, denn sie war nicht mehr in der Lage zu lachen. Es kam vor, dass sie klatschte.

Sie lag schon im Sterben, aber an ihrem Blick, an der Haltung ihrer Hände, an den Adern und dem Tempo ihrer Atmung war noch zu erkennen, dass sie bei strengen Nonnen des Ordens der heiligen Margarethe aufgewachsen war, und dem blieb sie später leider auch treu. Es war anstrengend. Es nervte. Ständig erwartete sie Disziplin. Sie konnte auch hassen. Stur, zäh, ausdauernd und egoistisch sein. Ihr Vater leitete die Trabrennbahn, an deren Platz, am Budapester Ostbahnhof, jetzt das größte Einkaufszentrum Osteuropas erbaut wird, tagtäglich gab er seine Wette ab, und schließlich verspielte er sein ganzes Vermögen. Er war ein Tyrann.

Ihr älterer Bruder war Jockey, jahrelang gewann er in Berlin Meisterschaften, bevor man ihn in Ungarn einzog. Kurz nachdem er eingerückt war, kam der Brief eines Kameraden: In Mátyásföld hatte eine Mine seinen Kopf zersprengt. Jetzt wohne ich auf ebendiesem Grundstück. Unerkennbar lag er tagelang auf dem Boden, die fremden Truppen marschierten wiederholt über ihn hinweg.

Die deutsche Armee opferte am 2. Februar 1943 bei Stalingrad zwei ihrer Cousins. Einer ihrer älteren Brüder starb im Arbeitslager. Er war krank, was man ihm nicht glaubte, er verhungerte. Ihre Mutter betete für die Brüder, sie wartete auf den Tod. 1970 starb sie an einer Gehirnblutung, in dem Haus mit dem grünen Zaun wohnte sie im hinteren Zimmer.

Sie war Lehrerin, weil sie ständig Anweisungen gab, was ich wohin tun sollte. Und wenn ich sie zwei Tage nicht besuchte, behauptete sie, ich sei gewachsen. Montags sagte sie immer, wie gut es doch gewesen wäre, dass wir die Rechtschreibung geübt hätten. *Buk* und nicht *backte*, *frug* und nicht *fragte*.

* * *

Sie war Schaffnerin, weil sie ständig kontrollierte, ob alles in Ordnung war, ob ich die Regeln einhielt. Wenn ich mich auf den Schulweg machte, fragte sie, ob ich meine Hausaufgaben gelernt hätte. Dabei hatte ich sie ihr am Vortag schon gezeigt. Wenn ich sie nicht konnte, bekam ich eine Ohrfeige.

Sie war Köchin, denn sonntags und auch unter der Woche kümmerte sie sich bloß um das Essen, sie interessierte nur, was wir essen würden. Immer kochte sie etwas zu Mittag. Später, als ich nicht mehr zu Hause wohnte, fragte sie mich an den Wochenenden die Hausaufgaben ab. Warum ich mit den Händen äße und wieso ich die Marmelade mit der Butter verrührte. Warum ich die Haut auf dem Kakao tränke. Sie tat so, als wäre das die wichtigste Sache auf der Welt, als wäre das Essen die Essenz. Dabei weiß ich, dass es das auch für sie nicht war. Nur wurde kaum über andere Dinge gesprochen, es hätte sich nicht gehört, und vor allem wäre es überflüssig gewesen.

Sie war Telefonistin, weil sie alles blitzschnell in Zahlen ausdrückte. Mit einer ausgezeichneten Reaktionszeit. Sie war Garderobiere, weil sie ständig Jacken trug. Strickjacken oder Mäntel. Das ganze Jahr über fror sie und hatte Angst vor dem Winter. Sie sparte mit der Heizung, damit machte sie die ganze Familie wahnsinnig. Sie war Richterin, weil sie schnell über Menschen urteilte. Wenn die Zeit drängte, war sie innerhalb des Bruchteils einer Sekunde in der Lage, den Namen des Bösewichts zu nennen. Ständig kritisierte sie, immer hatte sie eine eigene Meinung. Man mochte sie an ihrem Arbeitsplatz nicht.

Sie sah auf die Armen und Verwahrlosten herab. Den Bettlern gab sie kein Geld. Sie wollte, dass sie arbeiteten. Einmal trat sie einen Hund, er starb. Sie war Metaphysikerin, weil sie nicht glaubte, was sie sah. Sie war Mörderin, weil sie lieber die Mäuse rettete und die Katzen tötete und dabei nicht von den großen Hinrichtungen wusste. Sie war ein Spitzel, der niemals auch nur irgendjemanden, unter keinerlei Vorwand verraten hätte, diese Abscheu vor Verrätern verriet sie aber jedem.

Sie sprach aus, was sie dachte, war eine Tyrannin, weil sie den Namen der Täter in den Mund nahm, auch dann, wenn es verboten war. Sie war Fotografin, weil sie sich an jedes kleinste Detail der Vergangenheit erinnerte. Jahrelang trank sie, damit das Schweigen leichter würde. Sie machte eine Entziehungskur, um sich mit der Welt zu versöhnen. Sie trug eine Brille, um nicht alles zu sehen. Wie Scheuklappen. Sie war gläubig und ging jahrelang nicht in die Kirche. Sie verlor das Licht und trug lieber nichts ins Dunkel hinüber. Alles, was sie besaß und wovon sie eine innere Inventur gemacht hatte, vertraute sie den Kindern an. Am Ende ihres Lebens hatte sie nichts mehr, sie hatte ihr Geld vergeudet. So wie sie es von ihr bekämen, sollten sie es weitergeben, diesen Schwur nahm sie ihnen ab.

Die Erben pflückten sofort auseinander, was sie hinterlassen hatte. Ihren lumpigen, wertlosen Kram warfen wir komplett weg, wir Kinder. Im Himmel erwarteten sie schon die Skepsis, der Zynismus und die Ironie. Dort konnte sie sich nun wirklich unwohl fühlen. Sie streckte ihren Arm ganz aus, als wir das letzte Mal bei ihr waren, im Krankenhaus, auf der Palliativstation. Wo sich krebskranke Frauen an den Bettrand klammern, die Münder sich manchmal übergeben. Nur einmal hob sie ihren Kopf. Egoistisch gab sie ein Zeichen, es sei zu Ende, wir sollten nach Hause gehen, es habe keinen Sinn, bei ihr zu bleiben. Gleich würde auch sie gehen. Es würde gut, das wisse sie, im Traum hätten die Engel sie schon gerufen. Sie war sich sicher, dass sie in den Himmel käme.

Ihre Schultern erschlafften. Das Fieber perlte auf ihrer Stirn. Sie war ausgetrocknet und gelb. Roch süß. Der Menschendunst einer Sterbenden. Sie bekam Risse, und wir befeuchteten sie mit einem Tuch. Ihre Haut war vollkommen schlaff. Wir hätten sie ihr abziehen können, denn sie war zu weit für diesen zusammengeschrumpften Körper. Wie bei einem Tier, das man häutet. Ihre großen Brüste waren nur mehr zwei vertrocknete Trichter, zwei hängende Hautlappen. Die Brustwarzen und die angeschwollenen Adern unzertrennlich, die Details verschwammen auf dem kalten Körper. Ihr Schamhaar war völlig ausgefallen. Man musste sie jeden Tag waschen, weil sie ihre Scheide nicht mehr erreichte.

Zwei Momente überlagern sich. Früher war sie voller Kraft gewesen, attraktiv, stellte ich mir vor, als ich sie das letzte Mal beim Duschen sah. Der Körper dieser kleinen Frau hatte mich nie interessiert, ich empfand ihn immer als Tabu, beobachtete daher die Einzelheiten nicht, und überhaupt dieses ständige Herumkommandieren, ihren Körper, ihre Weiblichkeit bezwingend, aber in dem Moment fiel mir gerade das Gegenteil ein, nichts war mehr wie früher, ihre Erinnerung, wie sie das erste Mal die Lust eines Mannes in ihrem Schoß empfangen hatte, war jetzt schon so weit von der Wirklichkeit entfernt, dass ich sie plötzlich als begehrenswert sah, als feucht, als empfängnisbereit, wortlos und selbstlos, als jung und reif. Ich bin überhaupt nicht traurig, es tut mir nicht leid. Nur einmal, für einen Moment sah ich sie nackt, ein paar Stunden vor ihrem Tod, bevor sie einnässte. Jetzt, wo sie tot ist, wir darüber hinweg sind, ist auch sie nur eine sterbende alte Frau in einer Bettszene der Agonie, nah, jedoch mechanisch.

Ihre Augen wurden ganz weit. Beide Pupillen starrten auf einmal nach oben. Sie blickte nur noch zum Himmel, von ihren Besuchern nahm sie nichts mehr wahr. Ihr Gesicht von einem solch sichtbaren, farbigen Weiß, wie ich es zuvor noch nie gesehen hatte, nur bei Bildern von Toten. Ein schmutziges Weiß, grau. Dann rosafarben, gelb, wie ein Engel, und ein anderes Mal wurden ihre Gesichtszüge garstig wie die einer Hexe. Ihr ausgetrockneter Mund, durch die Fischschuppen wurden die Knochen unter der Haut kristallklar, ihre Lippen waren ein nach innen gestülpter, winziger Spalt, eine durchscheinende Grube, mit hauchdünnem Zahnfleisch, ohne Zähne, ein grüner Rand, müde sperrte sie ihn auf und zu, ihre Nase war ganz schmal geworden und lang, auf ihrer Gesichtshaut verstreut schwarze Gruben, wie bei einem lebendigen Fisch, hier verließ sie der letzte Seufzer. (Siehst du, beinahe hätte ich das mit tz geschrieben.)

Als sie gestorben war, redete der Arzt kein Wort mit uns. Er schrieb etwas auf einen Zettel, der Paravent wurde weggeschoben, und sie legten das Blatt auf ihren Bauch. Wir warteten, bis der Pfleger zurückkam, und innerhalb von Sekunden legte er den ausgekühlten Körper auf das Rollbett und quietschte mit ihr auch schon in Richtung Lift, bis wir uns des Ganzen überhaupt bewusst wurden. Durch das Fenster des Krankensaals beobachteten wir, wie er den starren Körper vor sich herschob, als wäre es Baumaterial, Zement oder Kies. Sand und Wasser. Die Luft erfüllte Medikamentengeruch, im Krankensaal lagen weitere fünf im Sterben, und außer uns war die ganze Kleinstadt benommen. Zu weinen, die Stimme der Klage oder die unbekannte Traurigkeit des Todes kamen uns gar nicht in den Sinn. Wir waren dieses Gefühl schon längst gewohnt. Sie ist jeden Tag bei uns, seit wir hier geboren wurden.

Still gingen wir am Morgen zu Fuß zur Endstation. Wir mussten eine Stunde warten, neuerdings fährt die S-Bahn sehr selten. Es wird gespart. Die aufgehende Sonne erleuchtete die Wagen. Dann hielten wir der Reihe nach an den grünen Stationen, die in meinen Ohren so vertraut und schön klingen: Palotakert, Tölgyes, Ilonatelep, Mogyoród, Szilasliget, Cinkota, Mátyásföld, Sashalom, Nagyicce.

GEOGRAFISCHER AUSRUTSCHER

Vojvodina: Von Sombor nach Subotica

Der Name der Gaststätte ist irgendetwas mit Paprika oder Zwiebel, ich erinnere mich gar nicht mehr, vielleicht auch mit Langosch oder Gulasch, oder es ist ein Palatschinken-Bistro. An der Wand hängen Schwerter und Sensen, die Waffen glänzen, auf dem einen Bild blaue und grüne Hirsche bei der Brunft, auf anderen Bildern Kühe, Rehe und graue Pinguine. Daneben Tonkrüge. Unschuldig und jungfräulich sitzen wir da, als warteten wir auf unseren Bräutigam. Dabei wollen wir gar nicht heiraten, leise tuscheln wir einander ins Ohr, um nicht aufzufallen, aber auch so fallen wir auf. Um uns herum sitzen bechernde Mittfünfziger zurückgelehnt auf ihren Stühlen, sie warten. Ihr Selbstvertrauen färbt ihnen das Gesicht rot, für mich sehen sie aus wie schneidige Soldaten nach der Schlacht. Mit flauschigem Bart. Potenzielle Verehrer, sie können es kaum erwarten, uns zuzuzwinkern. Wenn sie aber zwinkern, erschöpft sie das derart, dass ihnen die Augen zufallen und sie einschlafen. Sie bemerken nicht einmal, als wir gehen, bis in den Morgen liegen sie auf den Tischen, für immer besiegt. Am nächsten Tag können sie sich dann nach einer neuen Braut umsehen, vielleicht gehen sie in den Spielsalon Piedone, hier in der Nähe, aber mehr Glück werden sie da auch nicht haben. Eigentlich fürchten sie sich, denn jemand hat ihnen noch im Kindergarten das mazedonische Märchen ins Ohr geflüstert: Wenn sie nicht bekommen, was sie wollen, wird ihnen das Glied abgeschnitten.

Kata habe ich vor nicht allzu langer Zeit kennengelernt. Eine Frau mit rundlichem Gesicht, blauen Augen und vollen Lippen, mal hübsch, mal ein wenig verwahrlost, dann ist sie in sich gekehrt, andere Male aber zeigt sie sich schrecklich offen und hat ein überwältigendes Wesen. Wir knabbern an unseren salzigen *Pogácsa* und trinken, dann gehen wir abwechselnd auf die Toilette, vom Pálinka, werden wir immer lauter, grölen und wiehern, ziemlich unangenehm.

Kata ist in der Vojvodina, in Sombor, geboren, deshalb versteht sie sich auf die Landwirtschaft, auf Milch und Quark, na gut, auch auf Wein, außerdem spricht sie mehrere Sprachen, Serbisch, Kroatisch, Bosnisch, ach ja, auch Deutsch und Englisch, aber in Osteuropa braucht man das nicht, lächelt sie, obwohl sie weiß, das stimmt schon lange nicht mehr. Ich bin nicht bereit, diese Kolonialsprachen zu lernen!

Irgendwie sehnen wir uns nach etwas Erhabenerem als Budapest, erhabener als der Arbeiterbezirk Kőbánya, oder nach etwas Bäuerlichem, ich weiß gar nicht. Nach einer Hochzeit, nach Geld, Liebe, nach einem wahnsinnig gewieften Liebhaber, nach solcherlei, ganz insgeheim, denn ansonsten spielen wir uns beide die glückliche Feministin vor. Wir wollen uns bewegen, aber selbst wenn die Welt um uns herum aus allen Fugen gerät, bleiben wir immer still sitzen, wir haben das Gefühl, im ärmsten Bezirk von Budapest auf dem Gipfel der Welt zu hocken.

Es wäre gut, zu laufen, zu rennen, sich seelisch zu erheben, körperlich zu bereichern, zu flattern und zu fliegen. Das machen wir auch, aber nur im Kopf. Dann bietet mir Kata ohne sonderliche Vorwarnung an, wir sollten ihre Eltern besuchen, und wenn wir schon einmal da seien, könnten wir auch nach Subotica fahren, das liege nur einen Katzensprung entfernt, und dort sei die Welt wirklich wunderschön. Der Winter vergeht, der Frühling vergeht, es kommt der Sommer, und schon machen wir uns auf den Weg.

* * *

Natürlich hat sie viel Gepäck. Genau gesagt vier Taschen, zwei schwere und zwei leichte. In den einen Weine, Geschenke und Kunstblumen, in den anderen leichte Sommerkleider, Lippenstift, Puder und Zigaretten vom Markt. Kata bringt unglaubliche Sachen mit: sechs Kleider, Röcke, Ketten, Badeanzüge, einen Bikini, vier Shorts, T-Shirts, drei Handtücher in verschiedenen Größen, alte Bücher, und auch noch zwei dicke Wörterbücher, die sie unterwegs lesen will.

Auch die neueste ungarische Rechtschreibung hat sie dabei, und die frische Ausgabe des Fremdwörterbuches. Kata ist literarische Übersetzerin. Am liebsten hätte sie ihre Sachen alle auf den Rücksitz gelegt, sie fängt schon zu räumen an, als ich sie stoppe. Die Mineralwasserflasche stellt sie aber auf die Schaltung, und unterwegs packt sie noch einen Becher auf die Handbremse, sie raucht die ganze Fahrt über.

Wir verfahren uns.

Wir rufen einen Mann an, denselben, dem sie vorher eine SMS geschickt hat und der sie vor ungefähr einem Jahr heiraten wollte: Vielleicht ist das nicht die beste Idee, aber wir haben ein Problem, und wenn es ein Problem gibt, dann hilft uns jetzt dieser wohlwollende Mann sicher, und wir finden in Budapest die richtige Ausfahrt. Die Hochzeit hat noch Zeit, auch die Entscheidung, sie muss jetzt weder Ja noch Nein sagen.

Er hilft uns, denn er ist Budapester, auch mit geschlossenen Augen findet er den Weg. Wahrscheinlich denkt er, es wäre sogar besser, wenn er fahren würde und wir lieber die Hände vom Steuer nähmen. Ich lasse sie aber schön am Steuer, seine Anweisungen gehen per Telefon zuerst an Kata, dann an mich und schließlich an meinen Arm. Indes stelle ich ihn mir als einen großen, attraktiven Typen vor, dabei höre ich nur seine volle Stimme. Sie ist tief, sagt nichts Überflüssiges. Kata ist über beide Ohren in ihn verliebt. Wenn sie einander begegnen, ist sie dann aber meist doch enttäuscht.

Er zeigt uns von überall her den Weg hinaus, schreit sie jetzt, als sie auflegt, aus jedem dunklen Loch deines Lebens führt er dich an die Oberfläche, dafür liebe ich ihn so, sie schwebt, hat Schmetterlinge im Bauch, was bei ihr natürlich schnell verfliegt, dieser Mann ist für sie eine Art Narkotikum, ein Ersatzmittel.

Der Typ mit der tiefen Stimme hat ihr natürlich klargemacht, dass er für die Hilfe Dank erwartet, nicht jetzt, nicht sofort, sondern wenn wir zurück wären, der Dank habe Zeit, er sei umso süßer, je länger wir ihn schuldeten.

Wir sind schon eine ganze Weile unterwegs, als ich Katas Liebe infrage stelle. Ich weiß nicht, zischt sie. Manchmal habe ich so Angst, dass er mich schlägt. Schlägt? Ja, er hat mich mal geschlagen, stell dir vor. Aber vielleicht liebe ich ihn. Bestimmt habe ich es nicht anders verdient. Dann wieder, ich weiß nicht. Egal, lassen wir das. Nein, ich liebe ihn nicht, glaube ich.

Wir sind auf dem Weg nach Süden, nehmen schließlich wegen des Staus der Gastarbeiter, die im Sommer nach Hause kommen, nicht die Autobahn, wir fahren über Hercegszántó und hinter der Grenze in Richtung Sombor. Nein, lieber nicht da entlang, wir müssen doch nicht in Richtung Sombor, sagt sie ein wenig unentschlossen. Ihr ist eingefallen, dass ihre Eltern vielleicht nach Bezdan gefahren sind. Es ist schrecklich heiß, schon der vierte Tag mit neununddreißig Grad im Schatten, bestimmt sind sie am Donauufer, in ihrer Anglerhütte. Sicher? – frage ich zweifelnd. Na ja, nein, ich weiß nicht, egal, fahr einfach!

Ihr Vater angelt unter einer riesigen Trauerweide, als wir ankommen. Ihre Mutter hält auf dem Sofa auf der Terrasse zusammengerollt ein Mittagsschläfchen. Sie haben wahrscheinlich vor Kurzem erst zu Mittag gegessen, es ist noch nicht gespült, Eintopf mit Frikadellen, fantastisch gewürzt, mit Pfeffer, Paprika und Majoran, schnell verschlingen wir die Reste. Sie freuen sich über ihre Tochter und über mich, als wäre auch ich ihr Kind. Eine Stunde später essen wir wieder, sie nehmen das Essen für den nächsten Tag aus der Tiefkühltruhe, auch das verschlingen wir, einen dicken Karpfen, zu zweit, mit Nudeln.

Der Schatz von Bezdan ist uns geradewegs in den Mund geschwommen: ein richtiger Karpfen aus dem Ofen, mit Paprika gewürzt, in einer Zwiebelsoße. Mein Engel, ihre Mutter sieht uns an, da bist du endlich mit deiner kleinen Freundin gekommen, um uns zu besuchen! Die Gräten kleben wir an den Tellerrand. Wir trinken Pálinka, dabei erzählt Kata von mir und wirft die restlichen Gräten schon ins Gras. Auch mir streichen sie über den Kopf, so wie ihrer Tochter, sie ermutigen mich, als wäre ich eine Waise, unsicher und hungrig. Dabei bin ich dick, vollgestopft mit unangenehmen Gefühlen, die sich in unregelmäßigen Abständen ständig melden. Ich höre ihnen nur zu, und das tut gut. Sie klagen. Dann müssen wir aufstehen, uns aufrichten, den Bauch einziehen, die Brust rausstrecken, wir machen einen Spaziergang zum Kriegsdenkmal am Donauufer. Die Mutter übernimmt die Leitung, wir sind nur so etwas wie Streuner im erfahrenen und weisen Elternhaus, gewissermaßen Fremdesser. Wir sehen uns die Kormorane an und suchen die Überreste des Balkankrieges auf, die Partisanen und die Fischer. Wir schauen in eine *Csárda,* ein ungarisches Wirtshaus, das mit dem Steg verbunden ist.

Die Fischer ziehen das Netz heraus, werfen die Karpfen auf den Tisch, eines der Kinder nimmt den Fisch aus, ein anderes lässt ihn in den Kessel gleiten, in einen dickflüssigen Zwiebelsud, er wird gleich serviert, denn die Gäste kommen in einem fort. Von der Csárda eröffnet sich ein schöner Ausblick auf die Donau, wir setzen uns. Das Wasser fließt, die Donau strömt, und aus der Mutter sprudeln die Worte nur so hervor. Die trüben Strudel lösen sich im Wasser allmählich auf. Wir essen noch etwas Fisch, dann geht Kata schwimmen. Am Steg verschwindet sie im Wasser.

Ich hätte an deiner Stelle schon Angst vor den Welsen, rufe ich in Richtung des unruhigen Wassers, sie aber lacht nur, das Wasser kitzelt, sie taucht auf, holt tief Luft und verschwindet wieder. Sie zieht an den im Wasser hängenden Nylonschnüren, vergebens rufen die Angler ihr zu, sie hat sich an drei Haken verheddert, schwimmt aber einfach weiter, schlägt mit den Händen aufs Wasser.

Wir sitzen wieder auf dem Steg, als genau um drei Uhr fünfunddreißig ein Schweizer Kreuzfahrtschiff aus Schaffhausen eintrifft, die deutsche Fahne ist daraufgemalt, und hinten weht ein weißes Kreuz auf rotem Grund. Die Leute aus den Anglerhütten und Ferienhäusern kommen heraus und winken. Haaallo! Hallooo! Da, da!, rufen sie. Vom Schiff winken die Passagiere zurück, ja, yes! Deutsche, Österreicher und Niederländer, blonde, braun- und schwarzhaarige Touristen in weißem Hemd und Schlips, sie trinken Sekt und essen Lachs, gelangweilt lassen sie sich bis zum Donaudelta hinuntertreiben. Franzosen, was?, ruft Katas Mutter, wartet die Antwort aber nicht ab. Ach, Schweizer!

Wir alle seufzen sehnsüchtig, spazieren zurück in das Sommerhaus und packen zusammen, die Eltern schließen ab und setzen sich in ihren Yugo und wir uns in meinen Wagen. Aus Bezdan fahren wir nach Sombor. Wir freuen uns schon auf die *Börek,* die wir essen werden, fett wie die Erde der Batschka. Rechts und links riesige Maisfelder, silbrig gelb glänzt die Sonne auf ihnen. Seit Wochen ist kein Tropfen Regen mehr gefallen, die Erde um die Einödhöfe ist trocken, doch die Maisblätter sind noch nicht verdorrt. Vorerst kein Zeichen von Welkheit und Dürre, der Boden hier ist zäh, selbst wenn die Sonne auf ihn niederbrennt, hält er es wochenlang aus. Er hat auch schon sehr viel mehr ausgehalten!

Außer uns fährt niemand über den heißen Asphalt. Wir rauschen an dem Lager vorbei, das einstige Todeslager ist heute ein Kinderspielplatz. Seinerzeit waren hier die Menschen vor den Deportationen und Aussiedlungen versammelt worden, ein Ort, von dem man die Juden ausgestoßen hat, später die Deutschen und Ungarn.

Wir sind da. In der Stadt überall Baustellen, es haben erst die Erdarbeiten begonnen. In diesem Sommer sollen in Sombor die Spuren des Krieges fortgeräumt werden. Sie kommen nur sehr langsam voran, weil sie keine Förderung erhalten, und das bremst das auch ansonsten eher behäbige südliche Tempo. Die Räume des Rathauses sind ausgestorben, die Kassen und Tresore gähnen vor Leere. Das Geld, das den Menschen hier geblieben ist, geben sie für riesige Grabsteine aus.

Am zweiten Tag machen wir mit einer Frau Bekanntschaft, aber auch sie ist schon tot. Wir finden sie auf dem Friedhof und lesen ihren Namen von einem Zettel ab, eine schwarz gekleidete Frau mit weißem Hut hat ihn bei sich. Sie trägt eine Hose, hinter dem Denkmal des Bürgermeisters Benő Csihás sitzt sie auf ihrem Fahrrad und hält, als wir sie bemerken, eine Sterbeanzeige zwischen den Lippen. Mit der einen Hand sucht sie nach dem Klebeband, in der anderen hat sie eine Zigarette. Sie erblickt uns, winkt, wir gehen zu ihr, und von da an hören wir uns eine Stunde lang das Leben ihrer mit fünfundneunzig Jahren verstorbenen Schwiegermutter an, die nie bei einem Arzt gewesen war, bevor sie starb, so viel merke ich mir von dem, was die Frau mit Hut sagt.

Auf der Hauptstraße von Sombor zu gehen, ist tatsächlich so wie auf den Bildern von Milan Konjović. Nur fehlen die Pferde und die Fiaker, aber mit dem Auge kann man sie sich hinmalen, und dann tauchen auch die alten Zeiten auf, der Korso besteht aus Kringeln und Pinselstrichen. In der Innenstadt herrscht reges Treiben, Lärm. Alles ist mit Kopfstein gepflastert, verschwommen, bunt und surreal. Lautes Kreischen, Gelächter, Kinderstimmen. Das Restaurant und das Kaffeehaus sind voller Menschen. Leben füllt die breiten Straßen, Jugendliche fahren abends nach zehn noch mit dem Fahrrad umher.

Aus dem Flüchtlingshotel mit den zerbrochenen Scheiben dröhnt laute Musik, sie tanzen. Im Sommer suchen die Leute aus Crna Gora auf der Straße Gesellschaft, die meisten streunen den ganzen Tag durch die Stadt oder arbeiten auf dem Milchmarkt. Wir suchen nach einem Buchladen, finden aber keinen, niemand kann uns sagen, wo es einen gibt. Verschwunden, auch vom Kasino, der Schule und dem Kindergarten fehlt jede Spur. Sehr ärgerlich, dass Kata keinen einzigen Bekannten trifft, sie sagt, das störe sie, wenn wir aber jemanden treffen, dann stört sie auch das.

* * *

Ich wecke sie spät, beide stehen wir nur schwer auf. Es ist der dritte Tag, wir machen uns auf den Weg nach Subotica.

Zuerst machen wir uns auf in ein Café, wo Kata sich mit ihrer Freundin treffen will. Wir suchen es neben dem Haus von Salamon Sonnenberg. In der Nähe werden die ungarischen Visa vergeben, sodass sich lange Reihen schlängeln und wir den Eingang kaum finden. Oben auf dem Haus sitzen mürrische kleine Porzellanengel, als warteten sie darauf, dem Konsul den Pfeil ihres Zorns in den Kopf zu schießen.

Wir sind ein wenig früher da als Marika. Wieder klingelt Katas Telefon, es piept, klirrt, klappert, brüllt. Sag mir doch, was ich damit anfangen soll, fragt sie unbeholfen, aber ich habe keine Ahnung, wovon sie spricht, ich kenne diesen Mann ja gar nicht. Ich schweige. Indessen kommt ihre Freundin. Hübsch, groß, ihr Blick messerscharf, ihre Brüste spitzen sich stolz zu. Mir gefällt sie gleich. Ein schwarzhaariger, groß gewachsener Kellner nimmt die Bestellung entgegen, das muntert uns alle drei auf.

Trenn dich von ihm und fertig!

Durch Subotica fegt der Wind, so flach ist die Stadt. Ob sie ihre Arme öffnet oder nicht, pausenlos strömen bunte Streifen durch die Straßen, und auch die Wäldchen sind wie gemalt. Ein Geplapper, ein Raunen, ein Schmatzen, lauter volkstümliche Geräusche, ohne ein echtes Volk. Eine blühende Kultur, die kein eigenes Land hat. Noch genauer, die Vojvodina ist ein Land, das nicht eine einzige Sprache besitzt, sondern viele. Fliegensummen am Rand des Hauptplatzes, Kinderrufe von den Springbrunnen her und lautes Palaver auf der Terrasse der Gaststätte. Eine prächtige Stadt, selbst an heißen Sommertagen ist sie mittags voller Leben.

Wir sehen unter den Platanen unzählige gierige Flirts, dann folgen die langen, südländischen Küsse am Brunnen. Das Wesentliche des Spiels ist: zwei Frauen mit einem Mann, danach umgekehrt, ein Mann mit zwei Frauen.

Porzellan und Tulpen, grüne, blaue und gelbe Verzierungen auf den Dächern, winzige Balkone und breite Terrassen. Die Fassaden der krummen Häuser weiten die Pupillen des Fremden, der hier durch die Straßen taumelt. Alles ist zu süß, zu freundlich und genussvoll: die nicht enden wollenden, langen Straßen, die niedrigen, gedrungenen Häuser mit den geräumigen Zimmern, all das ist nur ein seltsamer Schein, ein Trugbild. Hinter den Wänden verbergen sich Tränen, Scham und Liebe.

Zerbrochene Fenster, rissige Mauern. Auf dem Platz der Abgrund, die Gerüche, die Trümmer, der Gestank nach der Schlacht. Neid und Säbelrasseln, Ausgrenzung und Demütigung. Man kann die Leichen nicht von einem Augenblick auf den anderen fortschaffen, deshalb liegen sie noch immer auf den Straßen, körperlos. Überall Denkmäler, Skulpturen, Dichter und Revolutionäre, egal wer früher an welchem Ort gestanden hat, jetzt hat sein Kopf seinen Platz auf einer Säule.

Hierher würde ich nie zurückfinden. Der Hauptplatz ist nur das Schaufenster, noch nicht die richtige Stadt: Er erfährt gerade eine große Umwälzung, statt Freiheit Keramik.

Wir streifen durch die Stadt, rennen mit Marika von einer Sehenswürdigkeit zur nächsten. Wenn wir etwas finden, das uns gefällt, kreischt sie glücklich auf. Wir klatschen in die Hände, sehen uns alle berühmten Orte an. Wenn sie uns ausgehen, können wir von vorn anfangen, wir sitzen wieder auf einer Bank auf dem Hauptplatz. Die beiden unterhalten sich. Die Sonne brennt, in der schwülen Mittagshitze schwebt eine Lärmwolke um das Rathaus, manchmal meine ich Hilferufe zu hören, dabei sind es keine.

Ansonsten passiert nichts, der Sommerurlaub trinkt mit einer jungen Frau sein Bier am Springbrunnen. Bald sind wir es leid, den Küssen anderer zuzusehen. Wir spazieren zur Kathedrale, zum Haus der heiligen Theresia von Ávila. In der Kirche nimmt Kata meine Hand, heimlich, damit Marika es nicht sieht, am Ende wäre sie noch eifersüchtig. Sie senkt ihre warme, schweißnasse Stirn als würde sie beten, woraufhin ich sie in die Seite stoße, sie solle nicht lügen. Wolltest du mit mir zu zweit beten? Ja, aber nur heimlich. Sie möchte Gott um etwas für uns zwei bitten. Ich bemerke, dass sie ihr Telefon noch immer nicht ausgeschaltet hat, auf dem Display winken Neonkater mit ihren Tatzen. Nein, ich will kein gemeinsames Gebet, ich übernehme die Verantwortung nur für mich allein. Kata erwartet die Lösungen immer von mir. In der Liebe gibt es keine Freundschaft, tut mir leid, da kann ich nicht helfen. Wir gehen hinaus. Draußen bitte ich sie um ihr Telefon und werfe es in den Müll. Eigentlich bin ich wirklich ein bisschen in Kata verliebt, und der Typ ärgert mich fürchterlich. Wir flanieren weiter, als wäre nichts geschehen, ich möchte auch die anderen reizvollen Körperteile der Stadt in Augenschein nehmen.

Sie unterhalten sich über einen früheren Klassenkameraden, der im Krieg verschwunden, letztes Jahr aber wieder aufgetaucht ist, jetzt sei er sehr reich, sie reden nur, lachen, quieken und schreien. Ich trotte hinter ihnen her, sie jagen auf den Straßen alten Erinnerungen nach, Marika rennt derart, dass ich kaum Schritt halten kann. Sie reden über gut aussehende Männer mit kräftigen Händen, ich verstehe nicht viel von dem, was sie sagen, ertaste nur die Betonungen, wer gut und wer furchtbar schlecht im Bett ist. Die Schlechten löschen sie aus dem Handy.

Storys aus Subotica, kindische Witze, Liebesspielchen, alberne, längst vergangene Tatsachen, die heute nichts mehr zählen, aber am liebsten würden sie insgeheim sogar den Péter mit der Trainingshose aufsuchen, und zwar sofort. Ihnen verleiht Subotica Kinderaugen, mir nicht, ich bekomme nur Staub, pralle Sonne und Wind, und zwei neue Freundinnen.

Dann nimmt Marika uns auf einmal beide an der Hand. Sie zieht uns hinter sich her, wir sollten weitergehen, sie greift mir ins Haar. Von da an können wir uns nicht von ihrem Zauber befreien, und diese Zauberkraft werden wir auch noch brauchen.

Als wir die Synagoge erreichen, die gerade restauriert wird, holt sie einen Schirm hervor, sie hält ihn über unsere Köpfe: damit kein Steinstück von dem Gebäude auf euch fällt, das Dezső Komor und Marcell Jakab 1902 erbaut haben! Sie lacht. Kommt, lasst uns Erinnerungen suchen! Marika berührt alles, was sie nur kann. Sie streichelt die Vergangenheit, fasst sie an, begrapscht sie geradezu. An den Wänden sind Lücken, Einschüsse zu sehen. Das Gebetshaus ist stark beschädigt, die Empore fehlt. Aber wir tun so, als gäbe es sie, als wäre jetzt früher und uns alles erlaubt. Wir tun so, als wären wir von der Schönheit der Synagoge ergriffen und natürlich sind wir es auch gleich, aber dafür gibt es einen ganz anderen Grund: MARIKA.

Denn sie stirbt fast. Ich trete auf ein Keramikstück, das unter meinem Schuh ins Rollen kommt, und Marika fällt auf einmal auf der Eingangstreppe, wir können sie gerade so in die Senkrechte zurückziehen. Wir halten unsere Anführerin in den Armen. Vom Staub müssen wir niesen. Wie gut es doch wäre, im Sommer zwischen den Mauern eines Sanatoriums zu wandeln! Wie einst Hans Castorp in Davos mit Madame Chauchat ... Jeden zu durchschauen. Marika hat Röntgenaugen, und ständig redet sie von der Vergangenheit. Ihr habt geglaubt, ich bin tot, was? Dumme Gänse! Eine Frau kann egal wann an egal was sterben.

Wieder beginnen sie und Kata, über die Schule zu tuscheln. Ich bleibe zurück. Erblicke die farbigen Fenster von Miksa Róth, durch die man nicht hinaussehen kann. Wir treten auf Glassplitter, stapfen auf alten Vitragescherben. Ich gehe weiter, erkunde das Terrain, zuerst die Decke, irgendwie scheint mir alles übertrieben, bedrohlich, glücklich und kitschig: himmelblaue Wandmalereien, rosafarbene Gewölbe, gelbe und rote Streifen auf der verfallenen Oberfläche. Währenddessen machen die anderen beiden kehrt, gehen zum Seiteneingang und bleiben an der Eingangstreppe stehen.

Marika fängt unerwartet an, in ihrer Handtasche zu kramen. Sie holt ein Stück Papier hervor, auf dem etwas mit Bleistift geschrieben steht. Ich kann nicht erkennen, was, sie beugt sich zu sehr über das Blatt, denn aus Eitelkeit trägt sie keine Brille. Sie mustert den Zettel, der immer größer wird, als sie ihn auffaltet. Zuerst liest sie nur für sich. Doch da sie es derart theatralisch macht, bitten wir sie, laut fortzufahren, auch wir möchten wissen, was dieses zerknüllte Blatt ist, das sie in der Tasche bei sich trägt. Mein Manuskript, antwortet sie stolz. Psst! Sie richtet sich auf, drückt den Hintern raus, die Brust streckt sie nach vorn wie jemand, der weiß, was seine Sache ist. Sie hebt den Kopf und richtet ihr Haar. Marika ist Dichterin. Sie ähnelt einem schönen, reifen, spätsommerlichen Apfel. Ihr rotes Gesicht glänzt spiegelglatt, zuerst steigen Duftöle hinter ihrem Ohr auf, dann erwachsen Textblasen aus ihrem Mund. Leise, aber selbstsicher liest sie:

Die Kulisse des Windes

Erster Brief an Sarah

Aus tiefer steriler Stille schreibe ich dir
in der es auch daheim keinen Halt mehr gibt
nur hervorgepresste Nachrichten von der Wirklichkeit
als übtest du das Weitspucken
doch wo du der Ameisenhaufen bist
ein Gewimmel zwischen Jetzt und Damals

auf der Lichtung der verlorenen etymologischen Zeichen
Wie viel jünger wärest du
bliebest du an deinem Platz
in der Vertiefung zwischen Stein und Thorarolle
hier auf der Treppe der Synagoge
unter der Vitrage und unseren wirbelnden Gesprächen
hörst du noch immer jene Glocken erklingen
sie läuten in der Schule die Pause ist vorbei
aus der Höhe fliegen dieselben Vögel
auf den Rand des schmiedeeisernen Zauns
und die Pécser Keramik widersteht dem Fluch
derer die bei der Ausschreibung gescheitert sind
welche die Stadt ganz verändert hätte
Nur der Horizont ist ein anderer
seitdem wir im Sand von Palić
vor und zurück Purzelbäume
mit lautem Gelächter übten
dem Wasser entgegen empor in die Höhe …

Wirklich wohlgefühlt hat sich Marika in ihrem Leben auf dem Korso, damals, als sie in Kaffeehäusern und Restaurants sitzen konnte, in denen sie ohne Ausnahme von allen Männern als liebe, alte Bekannte begrüßt wurde. Aber dieser Marika steigen jetzt die Tränen in die Augen.

Einige Zeilen lässt sie aus, weil ihr die Stimme versagt. Das kann nicht sein, das ist nicht sie! Marika ist sentimental geworden. Sie versucht zu lachen, aber es will ihr nicht gelingen, sie schnieft, auch wir müssen auf einmal schlucken. Das Gedicht rinnt uns den Hals hinunter. Pécs, wie kommt das denn jetzt hierher, sage ich, der Erleichterung wegen, vielleicht kann ich so vom Weinen ablenken. Die Keramik! Die ist wunderbar!, ruft Kata. Dann kommen auch uns die Tränen, wie den bekannten Träumern vom Korso in Kőbánya, das Ende ist schön, verdammt noch mal, was für Perspektiven. Die Liebe übersteigt alles! Ich stelle mir Sarah vor, wie sie das Weitspucken übt. Demnach verstehst du das gar nicht? Fragen beide erstaunt. Doch natürlich! Das ist eines der fröhlichsten Gedichte über die dreckige Vergangenheit, das ich je gehört habe. Im Holzofen gebacken, knusprig wie das Leben, wie, wie ... sagen wir, wie ein Brot! Ein schlechter Vergleich, den ich da finde. Dann eben wie Milch oder Wein. Es wird immer schlimmer. Nur ein bisschen rußig, angebrannt. Bitte, das ist doch der Beweis, dass die dichterische Ader nicht mit der Jugend verfliegt. Marika müsste bekannt werden! Sie müsste sich verlieben, fügt Kata hinzu. Aber mich kennt doch jeder!, ruft sie. Sie ist ein wenig beleidigt und verärgert, über das, was wir sagen. Dann herzt sie mich wie einen Plüschhund, du verstehst das Leben noch nicht, nicht das Gedicht ist wichtig, sondern das Papier und dein Po.

Ich lade mich mit der magischen Energie auf, die aus ihren seidigen Fingerspitzen strömt. Kann sein, dass ich Dichterin werde, aber nein, lieber nicht, wenn man dazu einen Po braucht, dann nicht. Wenn nur Brust, dann vielleicht. Mädels, kommt schon!

Wir schwelgen noch in der Vergangenheit, als Marika erneut aufschreit, ihr Rufen zerrt uns plötzlich in die Gegenwart zurück und versetzt uns mit einem Ruck in die Wirklichkeit. Ende mit den Streicheleinheiten, mit dem Hammer schlägt sie uns auf den Kopf. Von Kaffeehaus zu Kaffeehaus, los, los! Das ist das Geheimnis des Lebens! Am Himmel sammelt sich weißer Schaum und wirft graues Licht auf die Fassaden. Schließlich setzen wir uns tatsächlich in ein Café mit Draperie, nur um einen Typen von Marika zu begrüßen. Sie gehen nach hinten, wollen etwas besprechen. Der Lippenstift verschmiert sich auf Marikas Mund. Dann rein ins Auto und ab zum alten Ballhaus in Palić. Die Synagoge verliert sich im tief hängenden Nebel. Mir knurrt der Magen. Marika schlägt sich vor Hunger auf die Schenkel, und auch Kata ist hungrig. Wie gut wäre es doch, in einer duftenden Küche umherzurennen. Uns macht auch das nichts aus, wenn uns die Stunde schlägt, wenn der Zahn der Zeit an uns nagt, wenn unsere Schenkel von den ausgiebigen Mittagessen dicker werden und unsere Bäuche kugelrund.

Ich möchte einen Lutscher, Kaffee und Eis, Torte; gebratene Forelle mit Mandeln, vielleicht einen gut gewürzten Zander. Heimlich stecke ich meinen Kopf in eine Schüssel. Das Mittagessen birgt in der Vojvodina immer ein Geheimnis, so wie die Märchen: Die Kellner präsentieren in den Jugendstilrestaurants ein Tischleindeckdich.

Wir machen mit Belgrad weiter. Marika erzählt von Terrassen mit Sonnenschirmen, muskulösen Männern mit riesigen Händen, schwülen Gaststätten. Von den Schüssen und der Zerstörung, von den Wirren der Seele. Marika kann unheimlich schnell das Thema wechseln, sagen wir, so wie andere ihre Hände abtrocknen. Die sensibelsten Sätze platzen wie Blasen aus ihrem Mund. Sie ist die Königin der Unterhaltung und der großzügige König der Diskussionen. Logisch, hitzig und scharf, geistreich, übertreibend, sanft und erotisch. Wir sind gerade bei einem Belgrader Flirt, sie feilt ihre Nägel, also es gibt nichts Besseres, so einer routinierten Füchsin wie mir kannst du das ruhig glauben. Sie lacht kindisch, raucht, und an der Stelle ihrer Haare wächst ihr ein rotes Fell, wenn sie von dem Treiben auf den Terrassen erzählt.

Ich erfahre, dass sie vor einem Jahr mit ihrer Tochter nach Subotica zurückgekommen ist. Nach dem Krieg war sie mit ihrer Familie nach Belgrad gegangen. Ihre Muttersprache ist Serbisch, und obwohl sie ausgezeichnet Ungarisch spricht, schreibt sie auf Serbisch. Es ist noch keines ihrer Bücher auf Ungarisch erschienen, was ich sehr bedauere, und ich sage ihr wiederholt, wie sehr ich mich darüber wundere. Dann dreht sie wieder durch.

Plötzlich fällt ihr ein, dass sie doch eilig nach Hause müsste. Sie pflege ihre Mutter, die sie auch heute nicht länger allein lassen könne, denn sie vergesse alles und verwüste die Wohnung. Wie gut für sie, dann hat sie wenigstens den Krieg vergessen. Ja, aber seitdem sei sie unfähig, allein zu leben, also müsse sie los, wir sollten das verstehen, ihre Mutter sei wirklich krank. Verständnisvoll lassen wir sie gehen, natürlich, wir sind in Gedanken noch in Belgrad. Dann überlegt Marika es sich plötzlich anders, nein, sie gehe doch nicht nach Hause, noch nicht. Ich komme mit euch nach Palić!

Als die Sonne allmählich hinter dem Horizont versinkt, brennt sie nicht so heiß, speit sie kein Feuer mehr. Bald weht der warme Nachmittagswind. Wir essen zwei Orangen. Aus dem Nichts bringt die Brise Sand herbei und siebt ihn auf den Asphalt. Sie bedeckt mit ihm die Schlaglöcher in den Straßen, den Boden, die Keramikdächer der Häuser, die Natur hält ein schlichtes Begräbnis. Auch uns bläst sie voran, zuerst ins Auto, dann durch die Stadt und schließlich stößt sie uns geradezu nach Palić hinein.

* * *

Ein Sommerurlaub in Subotica beginnt mit dem Besuch des Freibades von Palić. Man könnte schon im Mai im See baden, aber das wollen nur wenige, das Wasser ist zwar warm, doch dreckig und abgestanden. Die Bretter sind morsch, der Boden der Bäder ist kaputt, und die Stege sind leer. Das Frauen- und das Männerbad haben ihren alten Glanz verloren, es herrscht Koedukation. Als ob es Spätherbst wäre, so ausgestorben ist alles. Die Mehrzahl der Menschen schaut in der Lobby eines Hotels oder auf der Veranda einer Villa fern, es läuft gerade ein Abenteuerfilm, wir hören das Rauschen des Meeres, die Gewehre, Molotowcocktails fliegen. In Palić fehlen die Grünen, nirgends ein Aktivist, der den See säubern würde.

Wir haben zwar Badesachen mitgebracht, doch Marika verbietet uns, vom Steg in den See zu springen. Unterwegs zum Ballhaus streicheln wir den Arm eines Mannes. Es ist natürlich sinnlos, an einer Skulptur herumzufummeln, aber es macht Spaß, und man wird nicht dafür bestraft. Ich erfahre, dass sie beide Lajos Vermes jedes Jahr mindestens einmal streicheln, und von nun an ist es auch meine Pflicht, diesem gnomenhaften, selbstzufriedenen Mann ein Opfer zu bringen. Vermes war Fechter, später Schwimmer und Begründer des Sportwettkampfs mit dem Namen Paliéer Olympiade, sein etwas falsch bemessenes Denkmal ist ein Werk der Avantgarde. Wir streicheln ihn, dieses Mal nicht nur am Arm, sondern auch zwischen den Beinen. Vermes zischt auf. All das reicht aber noch nicht. Wir treten ihm auf den Fuß.

Endlich setzen wir uns in das einstige Ballhaus und essen Zander zu Mittag. Nein, falsch. Sie beide essen nur Salat, weil Fisch nach einem neuen Test dick macht. Ich bin so hungrig, dass mir die anderen vergebens den Diätartikel aus der serbischen Illustrierten *Holzlöffel* zitieren, ich bestelle als Erste. In Gesellschaft der beiden willensstarken Frauen verzehre ich in Palić also mein karges Mittagessen. Ich bestelle noch eine Portion, so wird es komplett. Schließlich beenden wir es alle drei mit Palatschinken am Seeufer, auf der Veranda der Oase. Der Kassettenrekorder spielt *Amadeus* von Falco, als wir vom Tisch aufstehen. Auch das ist ein Habsburger Ort, wir wundern uns kein bisschen.

Auf dem Rückweg stoßen wir auf zwei kleine Skulpturen, die Arbeiten einer zarten Frauenhand. Auch sie streicheln wir. Winzige alte Frauen sitzen auf einer Bank, mit gefalteten Händen. Zwillinge. Wenn du sie aber lange betrachtest, stellt sich heraus, sie unterscheiden sich sehr wohl, das ist das Spiel, siehst du, Marika gibt ein Zeichen, du musst herausfinden, wer wem, welche von beiden der anderen hilft, das heißt: wer von ihnen früher sterben wird. Vorerst keine von beiden, sie sehen prima aus.

Wir gehen los, doch unterwegs erblicken wir eine Pension, Kata und Marika rufen laut: Hurra! Na, noch einen letzten Kaffee, hierher kommt Ottó Tolnai, der ungarische Dichter und Schriftsteller aus Palić, immer. Das Restaurant der Pension ist fast leer, es läuft Beat, dann Rock, Pop und Disco. Wir bestellen drei prächtige Stück Kuchen (jetzt vernachlässigen sie den Diättest natürlich wieder): 1 Suhajda-Kuchen, 1 Petits Fours und 1 Sachertorte. Marikas

Mund ist voller Schokolade, aber sie springt vom Tisch auf und beginnt zu tanzen. Sie streift ihre Sandalen ab, springt barfüßig herum. Beatles, obožavam ovu stvar – brüllt sie. Als ich von der Toilette zurückkomme, tanzen beide. Anscheinend stören wir den Kellner überhaupt nicht, ganz im Gegenteil, Kata nimmt ihn an der Hand, und sie ziehen ihn mit aller Kraft zu sich. Es macht ihm Spaß, wie sie ihn eng umschlingen und mit ihren Händen langsam über sein Gesicht streichen. Dann nicht mehr nur mit den Händen, sondern mit den Brüsten, dann nicht mehr nur mit den Brüsten, sondern mit den Hüften. Der Kellner ist ein klein gewachsener, drahtiger Jugendlicher mit Dreitagebart. Sein Kopf reicht ihnen gerade mal bis an die Lippen und sein Mund an ihre Titten. Mit seinen Bartstoppeln kitzelt er Marikas Dekolleté, und auf einmal küsst er das Kreuz an ihrer Kette, doch ihren Mund erreicht er leider nicht. Sie lachen und schütteln sich. Ich steige ein, beginne mich gegen meinen Willen zu winden. Der Kellner ist eine Droge. Er springt auf den Tisch, zieht seinen Kittel aus, wir vergöttern ihn von unten, im Unterhemd macht er weiter, schiebt sich die Hose runter, er hat einen Ständer. Wir lachen laut. Psst! Na! Es reicht, Marika dreht sich um. Schweinereien mag ich nicht. Ziehen Sie Ihre Hose hoch! Sie springt zum Kassettenrekorder. Stellt ihn leise. Der Junge taumelt zum Tresen, er scheint ein wenig verschreckt, der Eintopf vom Mittag kommt ihm hoch, aber wir tun so, als würden wir es gar nicht bemerken.

Das war's mit Woodstock, flüstert Marika leise, stimmt's? – Ich nicke. Lasst uns gehen! Ich lege das Geld für den Kuchen hin und gehe zum Auto. Sie suchen noch die Toilette auf, waschen sich die Achseln und besprühen sich. Ich lege eine CD ein. Auf der Landstraße amüsieren wir uns weiter. Nun ohne störende Männer. Sie singen bis Subotica, brüllen mir ins Ohr, und bei jedem »Love you« kreischen sie.

Der Sand ist des Nachts zu unglaublichen Bravouren fähig. Er wird zu Trauben, zu einer Freilichtbühne, zu einem See voller pannonischem Schlamm. Der Tag erwacht zerzaust und eifersüchtig. Der Sand rieselt auf den Grund des Sees. Er reizt ihn. Sinkt unter den See. Unter die Jahre, die sich auf dem Schlamm und den Algen ablagern. Auf dem Schilf und dem Ried. Der Quarz des Sandes ist ein Spiegel, der sich erinnert und über die Geschehnisse in Gedanken versinkt. Er regt sich nicht, wartet auf die Antworten. Der Tag weiß sehr wohl, dass in Palić alles Sand ist. Auch die Luft, das Wasser, der Mondschein. So kann man sich über den See beugen und im greisen Gewässer den einstigen Weg der Wolken erblicken. Man sieht das Schicksal, wie es, ohne zu zögern, naht, unerbittlich. Man sieht es im Treiben der Sandkörner, die der Wind in unerhörte Höhen wirbelt. Der Sand gibt allem einen Sinn. Dem Geschmack des Weines, den Wogen des Wassers, dem Gebrüll des Löwen, der allein dank des Sandes noch hier im Tiergarten nahe dem See bleibt. Mit zäher Ausdauer bedeckt der Sand ganz Palić. Die Zeit überbrückend kreuzt er die Jahreszeiten, verbindet Menschen und Ereignisse. Oder trägt sie nachts fort, wenn ihm danach ist. Palić erwacht jeden Morgen mit einem anderen Gesicht. Nur diejenigen erkennen es, die immer hier sind, sie pfeifen sich eins und sprechen die Worte des ihnen bekannten Liedes, ohne mit der Wimper zu zucken, aus: »Palić ist die Kulisse des Windes.«

* * *

Wir erreichen Subotica, sind noch weit vom Zentrum entfernt, nähern uns vom Stadtrand aus, mit seinen engen Gassen und niedrigen Häusern. Ich für meinen Teil schleiche mich leise an, aber die Mädels neben mir singen aus vollem Halse, und da sie schon über vierzig sind, scheppern sie eher wie ein Topf. Aber kochen, das wollen sie nicht! Sie leben wie Singles. Obwohl, auch ich koche nicht.

Man hat einst nicht umsonst gesagt, Subotica sei die weitläufigste Stadt. Theresiopolis ist ein großes Dorf. Man muss einen langen, holperigen Weg zurücklegen, bis man zu den Ämtern gelangt. Alles ist in Bewegung, es wird eingekauft, gebaut, Lasten werden geschleppt. Wir stehen im Stau, ich warte, dass es grün wird. Müssen wir abbiegen, frage ich. Keine Antwort. Nein, das haben wir dir vorhin schon gesagt, und sie singen weiter, »I remember you …« Geradeaus, immer vorwärts!

Wir fahren an hohen Plattenbauten vorbei. Marika gibt mir ein Zeichen, sie will aussteigen, denn hier wohnt ihre Mutter. Sie ist krank! Aber sie kann nicht, weil der Verkehrsstrom uns mit sich reißt, weil es schwer ist, die Fahrbahn zu wechseln, weil meine Ohren verstopft sind und weil ich die Zentralverriegelung eingeschaltet habe, vergebens zerrt sie an der Tür. Ich fahre einen Umweg um das Zentrum, schließlich gelingt es mir, an einer Bushaltestelle an die Seite zu fahren, wir setzen sie ab. Es bleiben nur ein paar Sekunden, um uns von ihr zu verabschieden. Ich hasse lange Abschiede! Sie steigt aus, ich öffne den Kofferraum. Sie gibt uns beiden ein Küsschen. Irgendwann komme ich mal nach Budapest, passt auf euch auf! Fröhlich winkt sie uns nach. Marika biegt an der Ecke ein und macht sich auf den Weg zu den Hochhäusern. Ihre Absätze klopfen auf dem Asphalt, wenn sie auf Sand tritt, knirscht es kreischend.

Wir sind wieder auf der Landstraße. Hier braucht man noch kein Visum, bis hierher kann jeder einreisen. Marika wird uns nicht besuchen, weil sie kein Visum bekommt. Als sie eins bekommt, hat sie keine Lust mehr, nach Budapest zu reisen, auch nach Wien nicht, und auch nach Berlin will sie nicht fahren, sie bleibt in Belgrad, auf dem Korso.

Ich trete etwas fester aufs Gaspedal, wir müssen vor Einbruch der Dunkelheit wieder in Sombor sein. Auf dem Heimweg halten uns die Polizisten zweimal wegen des ausländischen Nummernschildes an, sie nerven wegen der Grünen Karte, aber ich muss wenigstens nicht pusten. Klar, wir riechen ja auch nur nach Kaffee, stimmt's? Julius Meinl haust in unserem Mund, der in der Not hilft und den wir ordentlich ausnutzen, wir Monarchie-Verrückten.

Flaches Land, klapprige Lipizzaner und bunte Häuser, manche noch aus Erde und Lehm, so alt, dass sie eher jung erscheinen, wie Kinder, unreif, unfertig, wie Legenden, ohne jeden Hauch von Wirklichkeit. Hier wird das Leben geboren, in der Batschka wird Europa befruchtet, aus Lehm geschaffen. Die Menschen sehen dir beharrlich in die Augen, damit du sie zum Leben erweckst; sie kneifen dich, fassen dich an, packen dich, die Sonne macht sie lebendig.

»Wie muss man Menschen machen, wie sind wir entstanden«, fragte einmal ein kleines Mädchen einige vertrauenswürdige Personen. Zuerst einmal die Großmutter, die Mutter und die Tante. Alle stimmten dem zu, was die unbestreitbare Autorität des Hauses und der Straße sagte: »Aus Lehm«, erklärte die Großmutter. »Also aus Lehm«, wiederholte das Mädchen, ging zum Brunnen auf dem Hof, füllte den Eimer und goss das Wasser auf sein Sandkastenatelier. »Mittags, wenn es keine Schatten gibt«, ergänzte die Mutter, »kannst du deine Menschen an die Sonne stellen, und die Sonne wird sie zu Leben erwecken.« Da sich die Blüten der Klettertrompete jeden Morgen, wenn sie die Sonne erblickten, öffneten und sich am Nachmittag, wenn der Garten gegossen wurde, wieder schlossen, klang Mutters Erklärung logisch. Alles erwächst aus der Erde, der Hof wurzelt in anderen Höfen, die die Häuser miteinander verbinden, und auf den Hausdächern melden Turteltauben, dass das, was im Garten gepflanzt worden ist, sprießt. Schließlich pflanzen ja Vater und Großmutter alles an, der Regen gießt die Pflanzen, die Sonne lockt sie hervor und sie beginnen zu sprießen. Warum sollte es mit den Menschen nicht auch so sein?

* * *

Der letzte Tag, es ist Morgen. Wir beschließen, auf den Milchmarkt zu gehen und dort zu frühstücken. Nach dem Aufwachen schlüpfen wir rasch in unsere Kleider, zufällig ziehen wir beide einen Minirock an, wir schminken uns schnell ein bisschen, dann los in die Innenstadt. Schon an der Kreuzung kann man den Duft von Milch und Quark riechen, aber die Ampel ist noch rot, wir stehen im Halteverbot, warten ungeduldig. Neben dem Milchmarkt befindet sich der Tiermarkt, die Pferde stehen eng gedrängt, wir wühlen uns durch den Knotenpunkt mit den Jungtieren und den Taubenkäfigen, mit schnellen Schritten hüpfen wir in unseren Pumps zwischen Ziegen und Enten umher, unter den Verkaufstischen rennen Hunde herum. Scheiße und Pisse. Ein Stück weiter werden Büstenhalter, Schlüpfer, Werkzeuge und gebrauchte Mobiltelefone verkauft, die Mehrzahl der Waren stammt auch hier aus China, kommt über Hamburg und Budapest hierher.

Wir sind noch nicht einmal bei den Milchkannen und Quarkkrügen angelangt, als wir schon zwei ernste Affären hinter uns haben. Zuerst begrüßt uns ein alter Schulkamerad am Ausgang des Tiermarktes. Ein großer, braunhaariger Mann im Overall. Er erklärt, am Nachmittag käme er auf einen Kaffee vorbei. Wir reisen ab, sagen wir, aber das interessiert ihn nicht, wir reden uns heraus, auch dann würde er vorbeischauen, er wolle nicht aufdringlich sein, aber er halte es einfach nicht ohne uns aus, jetzt, da er wisse, dass wir in der Stadt sind, er wolle sich nur unterhalten. Vova – so heißt er, wie sich später herausstellt – spielt offensichtlich darauf an, dass es ihm ganz und gar nicht um eine Unterhaltung geht. Komm nicht, wir fahren weg, sagen wir entschieden, ein wenig abgehoben. Zum Abschied umarmt er uns beide, dabei kennt er mich gar nicht, umso mehr drückt er mich, auch ich werde zu seiner Klassenkameradin, er greift mir an den Hintern, egal, denn ich glaube, so würden wir ihn endlich los. Er küsst uns auf die Stirn, geht weg, und wir wischen uns seine Spucke ab. Mit seinen Augen folgt er uns lange. Einen so feuchten, aufdringlichen Kuss wie den von Vova ist es nicht leicht, bis zum Milchhändler mitzuschleppen, aber wir vergessen das Ganze rasch. Es stellt sich heraus, dass er gar nicht Katas Klassenkamerad gewesen ist, ganz sicher nicht, er hat sie bloß mit jemandem verwechselt. Wollte sich über die alte Schule unterhalten, über die anderen, über die Flirts von vor fünfundzwanzig Jahren, als wäre es heute, wir lachen über Vovas Versuch.

Los zum Milchhändler! Auf zum Quark! Warte mal! Am Eingang zum Milchmarkt kann man Schnürsenkel kaufen, ich halte Kata an. Schon seit Monaten suche ich mittelbraune Schnürsenkel. Auf dem Ladentisch des Alten sind mindestens hundertfünfzig verschiedene Sorten ausgelegt. Fünfzig braune, fünfzig schwarze und fünfzig in unterschiedlichen Farben. Der Schnürsenkelverkäufer haspelt, als wir zu ihm gehen, etwas auf Serbisch. Er kümmert sich gar nicht um mich, hat nur Augen für Kata, trägt ihr seine Bitte vor. Dann tritt der Alte plötzlich vor seinen Tisch, während ich die Schnürsenkel vom Ständer nehme, sicher will er nur die genaue Uhrzeit wissen oder uns seinen ganzen Kram auf einmal verkaufen.

Zuerst sprechen sie friedlich miteinander, dann grinst er immer boshafter, packt Kata an der Bluse, als würde er etwas von ihr fordern. Er wird nervös, läuft mit eiligen Schritten hinter den Tisch zurück, fingert an seiner Tasche herum, kramt in ihr, auf seiner Stirn Schweißperlen, nach einigen Minuten kommt er wieder hervor, zeigt seinen Ausweis, lautstark erklärt er etwas, schreit. Ich kann nicht entscheiden, ob er wütend ist oder hartnäckig. Ich erschrecke. Wir versuchen zurückzuweichen, ich ziehe Kata an ihrem Rock, dann lege ich meinen Arm um sie, vielleicht hilft das, und dem Alten wird klar, dass wir nicht zu ihm persönlich gekommen sind, er wird immer wütender. Auch seine Schnürsenkel will ich nicht mehr. Wir haben nicht geklaut, sag ihm das – rufe ich. Kata antwortet nicht. Der Alte wird immer aggressiver. Sie streiten. Er verdächtigt uns wohl, ich verstehe kein Wort, sodass ich versuche, aus den Betonungen etwas zu schlussfolgern. Ne, ne! Da, da! Schließlich beruhigt er sich, weil ihm jemand von hinten die Hand auf die Schulter legt. Wir laufen weg.

Ach nichts, er wollte mich nur heiraten. Mit der Bedingung, dass ich ihm vorher meine Zähne zeige. Er wollte mich überreden, meinen Mund aufzumachen. Wozu wollte er ausgerechnet deine Zähne sehen? Daran wollte er erkennen, wie alt ich bin. Er hat mir nicht geglaubt. Warum, hast du es ihm gesagt? Klar habe ich ihm gesagt, dass ich dreiundvierzig bin.

Er sucht eine ungarische Frau, hat er gesagt, die sind fleißig und brauchen nicht so viel Sex. Du aber schon, hast du ihm das nicht gesagt? Du spinnst ja. So hat er dir den Hof gemacht? Ja, ein echter Troubadour, dieser Schnürsenkelverkäufer. Er hätte mich in sein Dorf mitgenommen, hat mir seine Adresse gezeigt, seinen Ausweis, er wollte sein gespartes Geld holen, hat mir alles angeboten, er wäre wohlhabend, sein Kaufhaus liefe gut. Aber weil ich meinen Mund nicht aufgemacht habe, ist er wütend geworden. Ich habe ihn zutiefst verletzt. Das will ich auch hoffen!

Wir besorgen alles, was auf unserem Einkaufszettel steht, und sogar noch mehr: Quark aus Sombor, Ziegenkäse, saure Sahne, Aprikosen, Äpfel und zwei Liegestühle für die Terrasse in Kőbánya. Wir gehen in Katas Elternhaus zurück. Es gibt Welsgulasch mit Nudeln, auf Somborer Art. Wir machen Fotos. Dann setzen wir uns nach dem Essen zum Ausruhen in den Garten, wo weder der Maulbeerbaum noch die Akazie mittags Schatten spenden.

Auf dem Zaun kauert trockene Hitze. Die Klettertrompete und die Rosen wenden sich erschlafft von der Sonne ab, doch die Trauben reifen schon heran, große Beeren hängen an den Reben, bald kommt die Lese. Betrübt ziehen sich die Eltern zu ihrem Mittagsschlaf zurück, sie freuen sich ganz und gar nicht, dass wir wieder nach Budapest fahren. Da geschieht etwas ganz Seltsames. Etwas Seltsames, Verletzendes und Einschneidendes.

Nachdem wir uns in den Garten gesetzt haben, klingelt es auf einmal. Wir warten ab. Wieder klingelt es, wir warten immer noch, jemand drückt lange auf den Knopf. Wer kann das sein, zur Mittagszeit? Zu dieser Zeit ist es nicht üblich, jemanden zu besuchen.

Als es das dritte Mal lange läutet, gehen wir hinaus. Wir öffnen die Tür. Dort stehen sie beide. In Sonntagskleidung, mit Blumen und Hut. Der Schnürsenkelverkäufer und der Klassenkamerad. Unser Besuch hatte sich im Stadtviertel herumgesprochen.

Zuerst verbeugen sie sich. Höflich. In unserer Verlegenheit haben wir keine Ahnung, was wir tun sollen. Wir nehmen die Blumen entgegen, bitten sie in die Küche. Wir bieten ihnen Pálinka und Kaffee an. Sie bedanken sich, trinken aber nicht. Sie sind aus einem anderen Grund gekommen. Sie werden immer aufgeregter. Es ist zu sehen, dass sie es todernst meinen und, wenn es sein muss, ausharren. Sie sind zu allem fähig, sind wild entschlossen, wollen heiraten. Für uns aber ist es nur ein Spiel, wir nehmen sie überhaupt nicht ernst. Wir kichern wie zwei Teenager. Wir lachen über sie, haben aber auch ein bisschen Angst, in Wahrheit haben wir die Hosen verdammt voll.

Aber sie sitzen nur still da und warten auf ein Wort, ein Ja, da, da sollen wir sagen. Ich verstehe das Ganze überhaupt nicht. Jungfrauen sind wir sicher keine mehr, warum dann gerade wir? Der Besuch beginnt ernst zu werden, denn sie bleiben reglos sitzen und warten. Es ist schon fast drei, wir wollen langsam nach Hause, aber unsere Verehrer verharren in der Küche. Die Stimmung wird zunehmend gereizter, Fliegensummen, Räuspern, oooh und aaah, aber wir lachen nicht mehr, Grabesstille und der Klang ausdauernden Wartens erfüllen die Küche, das Zimmer, das ganze Haus sogar, den Garten und die Stadt.

Schließlich rettet Katas Vater die Situation. Als er aufsteht und in die Küche kommt, wird sein Blick eisig, er sieht die beiden schwitzenden, starren Männer, spürt unseren ratternden Sturzflug an der anderen Ecke des Tisches, wir halten unsere Finger so unsicher an unsere Lippen, dass wir gewiss in großen Schwierigkeiten stecken. Er fragt nichts, denn er weiß ganz genau, was sie wollen. Nein!, ruft er. Er ist derart überrascht, dass er die Ernsthaftigkeit ihrer Absichten aufrichtig und mutig in Zweifel zieht. Der Heiratsantrag kann nur eine Lüge sein. Eine Lüge! Sie lügen! Solche Frauen heiratet ein Mann nicht. Solche nimmt keiner ernst. Liederlich und unreif sind sie, können nicht kochen, führen ein ausschweifendes Leben, sind ständig unterwegs, im Minirock, mit Büchern und Zeitungsartikeln, die taugen nicht als Ehefrauen. Oder etwa nicht? Er dreht sich zu uns. Da. Doch, ja. Na-hab-ich's-nicht-gesagt!

Es ist wieder still. Katas Vater hat uns natürlich ganz schön beleidigt, wir hassen die Wahrheitsohrfeigen. Was kommt jetzt wohl? Der Schnürsenkelverkäufer hüstelt, dann schimpft er, plötzlich überkommt ihn ein Gefühl des Stolzes, sodass sein Hals ganz rot wird, er bittet uns, ihn sofort hinauszulassen. Der Klassenkamerad aber wartet, bis wir gepackt haben. Gemeinsam mit den Eltern winkt er uns hinterher, bis wir aus der Kaszinó-Straße abbiegen, lange ist seine hohe, etwas gebeugte Gestalt zu sehen, ganz genau so lange, bis wir die Kreuzung erreichen, dann verschwindet er. Von dem Augenblick an wird die ganze Kleinstadt samt Eltern und Klettertrompete zu einem unsichtbaren, fremden Kapitel.

Unterwegs stellen wir unsere plötzliche Entscheidung immer wieder infrage, warum haben wir uns eigentlich nicht darauf eingelassen? Die Ehe wäre doch eine Rettungskapsel, die Einsamkeit aber bedeutet Panik, Sehnsucht, zu viel Wein und Pogatschen in Budapester Kneipen. Wir hätten uns im Süden niederlassen können. Schnürsenkel im Gewimmel verkaufen, mein Gott, mit einem Schlosser über den Korso schlendern!

All das hätte eher eine volkskundliche Tradition als ein fataler Zufall oder das stürmische Wogen unserer Seelen diktiert, sodass das Erstaunen überflüssig war. Aber ich bin überrascht, dass ich überhaupt mit dem Gedanken spiele, plötzlich dort zu heiraten. Wäre das jedoch nicht geschehen, dann wäre Sombor auch nicht unbedingt die aufregendste Stadt Europas für mich geworden, so ist sie das aber, zumindest ist sie die am ehesten familienzentrierte.

Als wir die Möglichkeiten der Ehe schon gründlich durchgekaut haben, erreichen wir den Soroksári-Weg in Budapest. Erneut verfahren wir uns. Alles wiederholt sich. Wieder rufen wir den Mann an, dieses Mal mit meinem Handy. Inzwischen ist auch er zu Tode beleidigt, dass er drei Tage lang keine Antwort auf seine Anrufe und die letzte Nachricht, Verreck doch!, bekommen hat. Er berichtet davon, dass er über eine Zeitungsannonce eine Ehefrau gefunden habe, wir sollen es so verstehen, dass dies seine letzte, allerletzte Geste sei. Dann beschreibt er uns den Weg genau.

* * *

Ich setze Kata in der Innenstadt ab und fahre auf dem schnellsten Weg nach Hause, ich bin müde, meine Kehle ist trocken. In der Plastikflasche ist kein Wasser mehr, auf dem Sitz neben mir nur die leere Flasche ohne Verschluss. Eigentlich fehlt mir Kata. An die Milch komme ich nicht heran. Tamás hilft mir, meine Tasche und die Einkaufstüten hineinzutragen, ich sage ihm, er soll aufpassen, damit der Blumentopf nicht zerbricht, den ich auf dem Markt gekauft habe. Er trägt ihn hinein und zerbricht ihn. Ich dusche. Wasche meine Haare. Tamás muss schnell irgendwohin. Er ist in Eile, ruft in die Dusche, er käme erst spät nach Hause. Der Geruch von saurem Quark und Milch füllt die Küche, die faulenden Bakterien der Erinnerung, die Parasiten des Alterns. Von Sombor bis hierher ist der Quark im Kofferraum durchgeschüttelt worden, macht nichts, er ist in dem heißen Sommernachmittag nur zerlaufen.

Ich wische den Kofferraum aus.

Setze mich an den Laptop. Öffne ihn, gehe ins Internet, sehe mir meine E-Mails an.

Marikas Brief ist schon da. Sie hat mir die Fortsetzung ihres Gedichts geschickt, aber das ist kein Gedicht mehr, sondern Prosa, erzählt nicht mehr von der einen Stadt, sondern vom ganzen Balkan. Ich lese den Text, schalte den Computer aus und gehe schlafen. Im Traum fallen mir Biberschwanzziegel auf den Kopf, Keramikstücke purzeln herunter, und Schnürsenkel winden sich um meine Beine.

Sie haben nichts mit der Wirklichkeit zu tun. Im Morgengrauen wache ich auf. Mein Kissen ist klatschnass, es ist heiß, bis zum Morgen wälze ich mich nur im Bett. Ich kann nicht wieder einschlafen, versuche, mir Marikas Sätze in Erinnerung zu rufen. Ein Wunder geschieht.

Über uns liegen die Bedrohung der NATO und der Schutz Russlands. Die Gebrechen der Eltern und ihre Ohnmacht. Wir können nichts tun, um das Wasser aufzuhalten, das die Flächen zwischen Decke und Boden bestickt. Tropfen für Tropfen. In dem geschlossenen Raum verspricht die Tatsache des drohenden Hochwassers neue Möglichkeiten. Der Markt ist nah, dort kann man kaufen und verkaufen. Unsere Freunde schreiben ihr Testament. Auch weiterhin sind sie nicht bereit, präsent zu sein. Die Wildkirsche wird sanft, damit wir sie beschützen.
Palić ist ein geografischer Ausrutscher. Der Bruch von Raum und Zeit. Belastung und nervöse Hypersensibilität. Lüge, in der Sprache der Roma, auf Art der Roma, schmerzfrei, unschuldig wie in Zeichentrickfilmen. Die Lüge des Sandes von der Zuverlässigkeit. Die Lüge des Wassers von der Transparenz, des Sees von der Grenzenlosigkeit. Eine schöne Lüge, die an einem gottlosen Tag in die Augen und die Ohren drang, als die stummen Glocken erklangen, die ausdauernd in den umliegenden Kirchen läuteten. Eine Lüge mit der Theiß im Hintergrund, mit dem Baden im nackten Wasser, wenn du mit Lehmstiefeln ans Ufer gelangst. Im Hintergrund Geige, Zimbal, Kontrabass und ein hingebungsvoller Blick. Das geizige Rascheln der Gräser in der schlüpfrigen, hellen, mit Musselin bekleideten Nacht, das Flügelschlagen eines Vogels. Die Theiß flüstert dem See Zärtlichkeiten zu. Eine unglaublich verführerische Szene, wie die Türen der Kabinen im Frauenstrandbad sich einen Spaltbreit öffnen. Unzählige Türen. Überall Stille,

leise Stimmen. Nur der Wind streichelt die in unmittelbarer Nähe des grünen Wassers vergessenen Liegestühle. Er verkündet die Stille, das zerfallene Zimbal, die zwischen den Türrahmen eingezwängten Aquarellfarben der Gärten. Inmitten des Sandes, in den sich der Wind hineinwühlte und den Sinn seines Verweilens hier in Palić niederschrieb. Sieben Kilometer entfernt von Subotica. Der Wind löst das Kreuzworträtsel der Zeit. Und bereitet die Gestalt des kommenden, rötlichen Tages vor. Des Tages, der vom Gras noch unbewachsen ist.

FICKÓ

Siebenbürgen

Fiţcău – auf Ungarisch Fickó, was übersetzt auch Kerl oder Typ heißt – ist eine kleine Ortschaft am Rande der Region Câmpia Transilvaniei, von Reghin in Richtung Topliţa, ein winziges Dorf, ein versteckter Punkt, dem ich beschließe, zu Bekanntheit zu verhelfen.

Fickó befindet sich im Kreis Mureş und hat sich 1970 von der Gemeinde Magyaró getrennt. Der rumänische Name von Magyaró ist Aluniş, der sächsische lautet Haseldorf, heute ist es der Sitz der Gemeindeverwaltung, die Bevölkerung ist gemischt, ungarisch und rumänisch. Fickó ist ganz und gar ungarisch, ein ungarisches Dorf, aber nicht mehr lange.

Geh die Hauptstraße entlang, geh immer geradeaus und du siehst nicht einmal eine Kirche, nur lauter Gärten und Häuser, dichte Holzzäune, hinter denen die Leute betriebsam werkeln. Auf der Straße kannst du an Blumen schnuppern, an Waldorchideen, weiter oben, am Hügelhang, am Waldrand stehen Sträucher neben orangefarbenen und drachengrünen Holzkästen, du spürst den Duft von Honig, hierher hat man die Bienenstöcke hinaufgebracht; in den Höfen siehst du Hunde und gehäutete Lämmer, am Berg riesige Fußspuren, Bärentatzen, Siebenschläfer, Nager und später ein einsames Holzkreuz, dann mehrere leere, verlassene Hütten. Wenn du oben angekommen bist, findest du dich sogleich in einem Buchenwald wieder, genau nach drei Stunden Fußweg.

Auf den Wiesen und am Ufer der Bäche ist es hell, die Landschaft ist überschaubar, es ist nichts Besonderes an ihr, jeder könnte sie malen, dazu müsste er noch nicht einmal sonderlich geschickt sein. Zuerst halte ich diesen Weg, der aus Fickó hinausführt, für unbedeutend. Aber dann wandelt sich der Buchenwald in einen dunklen, ausweglosen Pfad, oben lacht der Wind, unten ergreift dich die tiefe Stimme der Einsamkeit, sie verbirgt sich am Fuße der Wurzeln.

Du gehst eine Serpentine entlang, in breiten Traktorspuren steht das rotbraune Regenwasser. Wenn es dir nicht gefallen sollte, gibt es von hier auch einen Weg zurück, wir befinden uns an den sanften Hängen Siebenbürgens. Du kannst jederzeit nach Teaca, Reghin oder Bistrița zurückfinden, an sichere Orte, in die Städte, zu den Menschen. Hierher kommen die Entschlossenen herauf, die die Suche nie aufgeben. Anscheinend ist dies das Nichts, aber dem Nichts wohnt eine Kraft inne, die Langeweile ist keineswegs nichts, sie ist ein entzündlicher Stoff, ein niederträchtiges Gefühl, das uns erneut gefangen hält.

* * *

Fickó ist das vollkommene Gegenteil der umliegenden Gemeinden. Die größeren Ortschaften sind voller Menschen, voller merkwürdig sprechender, an ihrem Handy herumspielender Jugendlicher, schreiender Roma, lachender und taumelnder Rumänen, sturer und trübselig dreinschauender Ungarn, voller Alkohol und Tanz. Die Stadtmauern sind stark, Türme ragen über den Reisenden empor. Sie sind derart massiv, dass die Mauern der Kirchen, die die Sachsen einst errichtet haben, auch heute noch unverrückbaren Festungen ähneln und nicht dem Haus des Herrn. Fickó ist wie alles in dieser Gegend wechselhaft. Es gibt kein Anhalten, neue Winde kommen auf, nichts ist mehr das Alte, und nichts überrascht uns. Die begeisternden, nagelneuen Dinge sind mit dem Sozialismus verschwunden. Jetzt herrschen Ernsthaftigkeit, Flüche, große Liebschaften, Leidenschaften und noch größerer Hass. Die Gefühle wurden aus der Flasche gelassen. Die Sockel mancher Häuser, die Holzzäune, die Biegungen der Straßen, der Schlamm, die Hinterhöfe, die Vogelfedern und die Hähne, die festgebundenen Ziegen, die Güllewagen und die Kneipen sind die alten oder sind genauso wie früher, aber ansonsten ist alles anders. Auch hierhin reicht die drohende Gefahr des Geldes.

Die Aufregung haust also nicht in den Bergen, dort erschrecken wir eher, weil ein kalter Wind bläst, als wir oben ankommen. Sondern im Dorf. Aber auch dort ist sie nicht offensichtlich, man muss sie suchen. Wir machen vom Dorf aus eine zehn Kilometer lange Wanderung, und es stellt sich heraus, vergebens, denn wir sehen das Ţibleş-Gebirge nicht. Der Vârful Ţibleş ist vom Tal des Munţii Lăpuşului zu sehen, der Vârful Zespezel ist 1278 Meter hoch, der Gipfel liegt nur ein wenig höher als der Kékes, der höchste Berg Ungarns.

Wir bereuen das Ganze aber nicht. Es ist der niedrigste Berg, den ich in meinem Leben besteige, und der Aufstieg dauert am längsten. Macht nichts, wir kehren um. Die Bewohner von Fickó erwarten uns im Magazin. Das Magazin ist ähnlich wie ein Getränkeladen, aber man bekommt auch Bananen, Orangen, Tücher und Bälle. Ansonsten fungiert es bei Bedarf als Kneipe. Sie verkaufen Bier, Cognac und Regenjacken. Der Laden hat eine kleine Terrasse aus Beton, darauf stehen einige Holzstühle, auf einem davon hockt der Kuhhirt, solange die Tiere über den Bach laufen, setzt er sich hierher. Aber auch die auf dem Kutschbock werden bedient, die alte Verkäuferin mit Kopftuch trägt das Ciuc-Bier hinaus, wenn der Kutscher darum bittet. Das Stuhlbein ist angebrochen, auf dem Tisch hat man Holzkohle verbrannt. Hier kann man die Einwohner wirklich kennenlernen. Man erfährt einige ihrer Geheimnisse. Stehend oder sitzend, egal.

Es ist Frühling, die Hochzeitssaison beginnt. Alle sprechen über die Ehe, die Leute sind ganz geschafft, so viele Hochzeiten wird es geben. Wir lächeln, wie gut es den Menschen in Fickó doch geht, hier sind die Frauen noch bereit zu heiraten. Demnach bleibt die Einwohnerschaft erhalten, haben die jungen Leute Lust, sich niederzulassen, woanders wandern sie ab, gehen nach Cluj-Napoca, also Klausenburg beziehungsweise Kolozsvár, oder Bukarest, sitzen am Computer. Fickó ist noch attraktiv. Woanders leeren sich die Kirchen, und hier findet ab dem Frühjahr an jedem Samstag ein Gottesdienst mit Hochzeit statt.

Aber was für Hochzeiten?!, rufen die Kneipengäste. Verstehst du denn nicht, das bringt nur Ärger! Die Trauer läuft nach einem sicheren Drehbuch ab, aber diese Hochzeiten sind unberechenbar!

Fickó galt vor Kurzem noch als rein ungarische Siedlung. Die Bestattungen verlaufen nach dem alten Muster, auf dem Friedhof der evangelisch-reformierten Kirche finden sie statt, sagt der alte Mann mit dem Bierschaum am Schnurrbart und legt den Arm um seinen Sohn, stimmt's mein Junge, wir graben für gutes Geld. Nur gibt es hier diese neuen Leute, diese Typen, diese Fickós, die von außerhalb. Zugewanderte mit Platzanspruch. Wir erfahren, dass diese neuen Fickós, die um die Hände der Mädchen anhalten, aus dem ganzen Land, sogar aus Westeuropa kommen, vor allem sind es Rumänen, Wochenendgatten von überall her, aus Târgu Mureş, Cluj-Napoca, auch einige Budapester sind hier geblieben, weil sie eine Frau gefunden haben, sicher sind sie den Smog zu Hause leid. Es gibt auch einen Deutschen, einen Verrückten. Fickó ist nicht mehr, wie es einmal war, nur wir Durchreisenden meinen, es scheine die Sonne, dabei hat sich der Himmel über dem Dorf bewölkt, die Tradition hat ein Ende. Die Bande der Vergangenheit sind durchtrennt.

Im Hintergrund wird ein riesiger Krieg gegen die Liebe ausgefochten. Die Bewohner des Dorfes tun sich zusammen und versuchen mit allen Mitteln, die ansiedelnden Fremden zu verdrängen, sie legen ihnen allerlei Steine in den Weg. Sie verkaufen keine Häuser an sie und verstecken ihre Töchter. Kleiden sie in Männerkleidung, das heißt, machen aus ihnen einfach einen Fickó.

Fickó verändert sich, und diese Veränderung ist beängstigend.

Ja, Fickó sei ein richtiger Ferienort, das sollten wir uns nur einmal vorstellen, sagt Jankó, der Imker, man könne schon über Internet eine Pension buchen. Es werden Hotels gebaut, der Raum weitet sich. Das Dorf wächst! Man kann sogar zu einem virtuellen Besuch hierherkommen. Der alte Jankó versteht nicht so recht, was das ist, wozu der Kontakt zu den Ausländern, er sieht nur fordernde Gesichter, wenn die Touristen morgens eintreffen. Müde, halb trunken von der langen Reise. Irgendwas haben sie sich vor dem Monitor über uns vorgestellt, aber das sind wir nicht, denn wir sind keine behaarten Affen. Sie glauben, hier duftet alles nach Veilchen. Aber in Fickó riecht es nach Tieren, der Hühnerhof ist vollgeschissen, und die Schweine grunzen, die feigen Ziegen meckern, und selbst im Sommer ist es morgens nebelig. Das Fickó, das sie im Internet gesehen haben, bekommen sie nie, das macht sie zwar manchmal nervös, aber dann kommen sie ins Magazin herüber, da es hier keinen Supermarkt gibt, kaufen sich ein Bier und haben gleich bessere Laune!

Dabei ist das Dorf sehr wohl entwicklungsfähig, nur schlägt es nicht immer den richtigen Weg ein, leider. Wir erfahren, dass es regelmäßig Gruppenreisen gibt, zum Glück steht in der Nähe die Gedenkstätte des Helikon-Kreises, das Gut der Familie Kemény; den in den vergangenen Jahren berühmt gewordenen Schriftsteller namens Albert Wass hat man zum Schein in der Gegend begraben, im Garten der Psychiatrie, schon allein seinetwegen kommen wöchentlich mehrmals Busse mit Literaturpilgern aus Budapest oder Debrecen. Das Geschäft läuft gut! Wegen Wass geben viele Trinkgeld. Manchmal verirren sie sich und dann kommen sie hier entlang, geradewegs zum Magazin.

* * *

Fickó gefällt uns sehr. Es ist eine wahre Fliehburg. Auf der Terrasse des Ladens zu sitzen, von hier das winzige Dorf zu überschauen, erfüllt einen mit einem Gefühl frei von Trübseligkeit.

Als sich der Ort 1970 von Aluniş trennte, blieb die gemeinsame Hauptstraße zwar bestehen, und eine Weile konnte man die ungarische Identität auch bewahren, während der Diktatur ging das noch irgendwie, es war schwer, aber möglich, sie hüteten die alte Sprache und die alten Bräuche wie die Verwandtschaft die Braut, heute ist diese Sache aber endgültig gescheitert. Die rein ungarische Zusammensetzung der Bevölkerung erlosch mit der Demokratie. In einem fort kommen die Dahergelaufenen, bleiben hier hängen und unterwandern die Einwohnerschaft. Fremde, von überall her, von hier und da. In Fickó ist es mit der Selbstständigkeit vorbei. Die Menschen sind nicht mehr frei. Sie wollten ein eigenständiges ungarisches Dorf, für immer, ein für alle Mal, auf ewig. Das war der Plan, aber mit dem Plan ist es aus. Egal mit wem wir reden, alle sagen und wiederholen: Die Institution der Ehe ist schuld. Die freie Liebe. Sie ist der Grund für alles. Die Mädchen machen das Dorf kaputt, sie sind frei, kokett und nackt. Die Mädchen sind blöd.

Früher war das nicht so.
War das besser?
Ja, viel besser.
Warum?
Weil alles von vornherein entschieden war.
Aber so ist es doch nicht gut, verliebt zu sein.
Die Liebe ist ja auch nicht gut. Die Ehe soll gut sein.
Dann ist es doch überflüssig zu heiraten!
Ach was, die Ehe ist die Zukunft, aus ihr erwächst der neue Herr.

Es ist später Nachmittag, Mutter, Tochter und Patentante kommen in den Laden. Die Mutter ist die Leiterin des reformierten Chors. Auch mit ihnen besprechen wir das Thema der Liebe. Wir erfahren, dass es in diesem Sommer zwei große Probleme mit den Eheschließungen geben wird. Das eine ist, es werden wieder viele sein, das andere, viele davon sind gemischt. Heiraten ist ein Privativ. Nach hiesigem Brauch betrage das Geschenk für das junge Paar mindestens fünfhundert Lei. Wenn jemand zu fünf Hochzeiten eingeladen werde, und dieses Jahr würden es mindestens so viele, an denen sie beteiligt seien, dann wären das schon zweieinhalbtausend. Wir rechnen nach, der durchschnittliche Monatslohn beträgt tausendzweihundertfünfzig. Egal wie man es betrachtet, die Teilnahme an der Hochzeitssaison kostet zwei Monate Feldarbeit.

Diese drei Frauen, die hier vor uns stehen, die junge, die mittleren Alters und die ältere Patentante, sind, was die Mischehen angeht, ziemlich skeptisch. Beziehungsweise reißen nur die beiden Älteren den Mund auf, das junge Mädchen senkt seinen Blick. Sie wisse noch nicht so recht, es könne ja sein ... Oh, nein! Sofort fallen sie ihr schreiend ins Wort, das entscheidest sowieso nicht du, du verstehst davon nichts. Da ist wirklich ein großes Übel über uns hereingebrochen! Mutter und Patentante hetzen einander auf. Sie schreien, kreischen. Verschütten ihr Bier. Dann verstummen sie. Traurig nehmen sie zur Kenntnis, dass sich im vergangenen Sommer vier rumänische Familien hier niedergelassen haben, damit hatte die fünfunddreißigjährige Tradition ein Ende, vier Mischehen wurden geschlossen.

Aber warum das denn so schlimm sei, fragen wir ernsthaft. Weil sie keine Kirche haben und die Sprache nicht sprechen.

Sie sprechen eben eine andere Sprache.

Ja, aber das ist keine gute Sprache.

Boróka mag etwa vierzehn Jahre alt sein und hat schon ziemlich viel Ahnung davon, was es mit der Liebe auf sich hat, denn sie wird rot. Und wenn sie mal einen rumänischen Fickó will, was dann?

Wir bekommen keine Antwort, weil wir uns gar nicht erst trauen, die Frage laut zu stellen. Wir schweigen wie schlechte Reporter, damit drücken wir unser Mitgefühl aus. Natürlich strafen wir mit diesen Gesten des Mitleids und Verständnisses alle erkämpften Frauenrechte Lügen. Auch Boróka schweigt. Sie ist ein groß gewachsenes, schwarzhaariges, burschikoses Mädchen, ihr Kinn ist unverhältnismäßig schmal, der Mund zugespitzt. Sie ist verliebt. Ihre Sehnsüchte sind stark: Mit einem gut aussehenden Jungen aus Bukarest, breite Schultern, schwarzes Haar und dunkle Augen, hält sie heimlich Händchen. Er lebt in einer der riesigen Hauptstädte der Europäischen Union, in der Straße der Vereinigung.

* * *

Noch am gleichen Tag verlassen wir Fickó, doch den verstaubten Geist des Dorfes fegt der kalte Frühlingswind nicht von unserer Seite. Die im Bus sitzenden Fickós bestehen auf eine weitere Flasche Pálinka. Am nächsten Tag fahren wir zunächst nach Bistrița, dann nach Țigău. In Bistrița erwarten uns eher Rumänen und weniger evangelische Sachsen, in Țigău evangelisch-reformierte Ungarn und Niederländer.

Die Sträucher haben sich in Grün gehüllt, die Obstbäume sprießen in Rosa und Lila, aber wir sehen auch noch grauweiße Winterflecken in den Munții Călimani. Lauter bunte Straßenschilder, alle entsprechen der EU-Norm, in Rumänien gibt es neue Straßen und neue Schilder. Die Hirten begleiten ihre Herden – ebenfalls der Norm entsprechend – in gelben Warnwesten auf der Straße, damit kein Autofahrer sie anfährt, und vielleicht auch, damit die Biotouristen ihre Schafe gleich bemerken. Sieh nur, hier herrscht noch Leben auf den Wiesen, die Hänge werden mit Ochsen gepflügt!

Wir übernachten in Teaca, bei der Familie Makai, dieses Jahr geben sie fast der ganzen Truppe Unterkunft, wer keinen Platz in der Pension der Familie hat, der übernachtet an der Tankstelle. Das

Frühstück sind Salamibrote, gelbe Paprika und Tee, natürlich ist es in der Pension viel besser als an der Tankstelle.

Tekendorf ist ein Taldorf, es liegt still zwischen den Hügeln verborgen, ein ruhiger Ort, und wir sind doch laut. Die Familie Makai kümmert sich rührend. Sie erlauben der Reisegruppe, nachts zu feiern, im Morgengrauen tragen sie sogar Essen und Trinken auf, dabei lächeln sie. Doch in der Küche vergießen sie heimlich ein paar Tränen. Am nächsten Morgen erzählen sie, was für eine schlimme Sache im vergangenen Jahr geschehen sei, die Pension sei abgebrannt, das Dach musste neu gezimmert werden, sie hätten das immer noch nicht verwunden. Dicke Tränen kullern über den nagelneuen Fußboden.

Am Morgen herrscht in den Straßen von Teaca reges Treiben. Ich mache schnell einen Spaziergang durch das Dorf, vielleicht sehe ich etwas Interessantes, aber mir fällt nur auf, dass alles in Ordnung ist. Beziehungsweise doch nicht. Ich sehe, dass überall alte Frauen mit Brillen und Kopftüchern arbeiten, in schlechten Stiefeln oder Bundschuhen. Sie beugen sich, schleppen, fahren den Wagen, pflegen die Pferde, waschen und hängen Wäsche auf. Die jungen Leute telefonieren, erledigen irgendwelche Geschäfte, der Alte aber steht schon neben der Kirche in einer Bar. In Teaca ist die Bar der Mittelpunkt, und dorthin haben auch nur Fickós Zeit zu gehen. Die Frauen arbeiten nämlich den ganzen Tag.

Teaca ist ein Marktflecken, Gäste ist man hier gewohnt, und man verwöhnt sie auch. Die Menschen sind freundlich, weisen einem den Weg. Sie rennen die Fremden nicht über den Haufen.

Drei Kirchen wurden hier errichtet: eine evangelische, eine römisch-katholische und eine orthodoxe. Es gibt auch ein kleineres reformiertes Haus, verborgen in der Magyar utca, der Ungarischen Straße. Es musste versteckt werden, weil die Sachsen keine störrischen Menschen mochten.

Neben der sächsischen Kirche mit dem kugelförmigen Turm befindet sich die Männerbar, mit männlichen Gästen und einer hübschen Bedienung, nichts Besonderes, die meisten mitteleuropäischen Kneipen sehen so aus, laut und dunkel, es riecht nach Wein. Hier schlagen tagsüber die Besitzer der Pferdewagen ihr Lager auf, sie kommen aus der Umgebung, manche auch von weiter weg. Aus Moldau oder der Bukowina bringen sie die Waren, tauschen Obst gegen Stoffe, natürlich gibt es zunehmend weniger solcher Tauschgeschäfte. Als wir uns am Morgen auf den Weg nach Bistrița machen, ist der Hauptplatz schon voll, man kann auch Wein gegen Teppiche tauschen. Die Region ist berühmt für ihren Weinanbau. Aber es ist erst Frühling, es gibt nicht viel zu verkaufen, die Händler spielen Karten und Schach.

Wir rauschen bereits durch den Kreis Bistrița-Năsăud, in Richtung Bistrița Bârgăului, wir befinden uns am äußersten Rand der Region Câmpia Transilvaniei. In der Gegend von Bistrița sind rundherum wundervolle Hangmuren zu sehen, kahle Hügel mit Erdrutschen. Der Șieu fließt hier, und hier verläuft auch die berühmte, achtundvierzig Kilometer lange Eisenbahnstrecke Deda-Sărățel, die zu bauen es wegen der Hangmuren eine unglaubliche Arbeit war, sie wurde 1941/42 mit vier Stationen angelegt und vom Reichsverweser Miklós Horthy eingeweiht.

Am Fuße der Hügel waschen sich zeltende Roma im Regenwasser vom Vortag, sie frieren nicht, denn sie stehen mittags auf, und da scheint schon die Sonne, der Wind ist warm, trocknet ihr Gesicht. Sie waschen Kleider. Wir fahren durch die Steppe, die bestimmten Gegenden der ungarischen Tiefebene ähnelt, und auch die Roma sprechen Ungarisch. Es ist eine trockene Landschaft, olivgrün und kahl, doch wird es einem warm ums Herz, wenn man sieht, wie die Frühlingsblumen sie besiedeln.

Auf einmal breitet sich am ganzen Horizont das langweilige Nichts vor uns aus, in meinen Augen ist es schön. Die Hangmuren bieten, so aufeinandergeschichtet, einen seltenen Anblick, der herabbröckelnde Putz macht uns geradewegs auf das Vergehen der Zeit, auf die stete Veränderung aufmerksam. Man kommt in einem langsamen, rhythmischen Tempo voran, und es begleiten uns lauter Dinge, die auf unser Auge beruhigend wirken. Einige Gesichter von Arbeitern tauchen an den Hügelhängen auf.

Unser Reiseführer Zoltán erzählt, dass es in dieser Gegend nur wenig Arbeit gibt, und wenn jemand eine bekommt, so muss er sie schätzen. Das heißt, er muss die Arbeit so lange hinausdehnen, bis der Bauer zahlt. Das habe auch er nicht gewusst, als er vor Jahren das erste Mal hier gewesen sei und bei der Familie Makai übernachtet habe. Er wollte helfen, wollte einmal ausprobieren, hier zu arbeiten. Er hat sich bereit erklärt, den Weinberg zu hacken, und innerhalb eines Tages war er mit der ihm anvertrauten Parzelle auch schon fertig. Die Einheimischen, seine vorübergehenden Kollegen, wurden daraufhin sehr ärgerlich, denn sie erledigten dieses Pensum gewöhnlich zu zweit innerhalb der doppelten Zeit, also für den Lohn von zwei Tagen.

Unser eifriger Reiseführer wurde so zum Feind der Arbeiter. In der Câmpia Transilvaniei lernte er später, sparsam mit Zeit und Raum umzugehen.

Wir nähern uns Bistriţa von Viişoara her. Von Weitem sieht man den fast hundert Meter hohen sächsischen Kirchturm. (Wie wir später erfahren, ist der Turm einige Tage später völlig abgebrannt.)

Auf der Hauptstraße erreichen wir die Kirche, vorbei an sächsischen Häusern mit dicken Mauern und hohen Toren. Ich beschließe, auch hier als Allererstes auf die Fickós neugierig zu sein. Also sehe ich mir mit DJ Zöld das Angebot vor Ort an. Wir setzen uns in einige Konditoreien und Kneipen, biegen in die Gassen ein, bitten um Einlass in Hinterhöfe. Dasselbe wie in Cluj-Napoca.

In Bistriţa machen die Fickós einen globalisierten Eindruck, die Sachsen aber sind bis auf den Letzten verschwunden, und hier gibt es auch keine frischgebackenen wie etwa in Sibiu oder Sighişoara. Hier ist die neue sächsische Identität nicht so wichtig. Die Fickós von Bistriţa tragen Schmuck, wählen die Ohrringe passend zu den Farben ihrer Muskelshirts aus, zeigen ihren unbehaarten Bauch, tragen Jeans in Neonfarben, sind Emos. Unser Freud'sches Unterbewusstsein kann sich hier wirklich wohlfühlen, Bionahrung ist ein gesellschaftliches Thema, und die Liebe wird frei aufgefasst, die EU-Skepsis ist ein seltener Vogel. Eine Diva posiert in einem T-Shirt mit EU-Fahne im hiesigen Magazin, und auch die Schaufensterpuppen der Boutiquen erscheinen in der Farbe der Europäischen Union. Wenn man durch das Kirchentor tritt, gehört es sich trotz allem, ein längeres Hemd über den nackten Bauch zu ziehen, und es macht auch nichts, wenn die rosafarbene Hose am Hintern nicht spannt, sich der Schwanz in der Unterhose verbirgt und der BH der Mädchen diskret ist. Das Schmuckstück von Bistrița ist eben noch immer nicht das Gebäude des Hamburger-Imbisses in Neonrosa und auch nicht die enge, seltsam riechende Balkangasse mit den BMW-Geländewagen, sondern die evangelische Kirche.

Als wir die Kirche betreten, sind wir wirklich erstaunt. Der Turm ist sechsundsiebzig Meter hoch, seit mehr als hundert Jahren steht hier eines der größten evangelischen Gotteshäuser Europas leer wie eine ausgeraubte Grabkammer. Mit Kugel und Rosen. Das Ausmaß ist überwältigend und beängstigend zugleich, es ist geradewegs furchterregend, die Leere und die Verlassenheit verstärken dieses Gefühl. Hier ist niemand, hierher kommt niemand, hier ist nur der Herr. Der Herr und dicke, kahle Mauern. Ein nackter, unverhüllter Gott.

Eine alte Frau öffnet auf unseren Wunsch das Tor, sie spricht Ungarisch und Deutsch.

Drinnen eisige Kälte. Die Bänke mit der Aufschrift »Heiliger Vater, Heiliger Herr, Heiliger Gott« sind eng zusammengeschoben, man kann sich gar nicht setzen, wir hören uns die Führung im Stehen an.

Auf dem mit Fransen besetzten Samtbezug der Bank lesen wir:

Seid Väter des Wortes und nicht Hörer allein.

Auf dem Altar steht:

Der Herr wird uns erboren, denn er ist unser Gott.

Sätze aus der Lutherbibel können wir auf den Aufschriften der Bänke weiter verfolgen, immer wieder neue Sätze tauchen auf, sie bilden auf dem leeren Platz der einst gläubigen Familien ein wahres Labyrinth. Neben den Texten Familienwappen und die Namen der Spender, der Bauherren der Kirche und die Art der Spende. Zuwendungen aus Deutschland, sowohl früher als auch heute, von den Parabelbögen hängen die Teppiche herab. Gerade dieser Teppichhaufen sorgt in der Kirche für große Überraschung. Die abgenutzten, schäbigen Stoffe hangeln sich von den Chören hinunter, ursprünglich sind sie Geschenke von sächsischen Familien. Aus der Ferne scheinen sie bleich, doch geht man näher heran, sind sie wunderschön und prangen in unzähligen Farben, in bukowinischem Blau, Engelsgelb und Feuerrot, in Blutrot und Rosa. Der Stoff ist fest, unzerstörbar, das Muster dieser gewebten Stoffe wartet darauf, enträtselt zu werden. Die meisten stammen aus Moldau oder aus der Bukowina, vermutlich sind sie über den Weg aus Bistrița Bârgăului gekommen, den auch wir genommen haben. Die Händler bezahlten die Sachsen mit Teppichen.

Ansonsten ist die Kirche leer, die deutschen Gläubigen sind aus Bistrița verschwunden, allein die alte Frau hütet den Altar des Holzchristus, sie findet selbst mit geschlossenen Augen zur Glocke, jeden Tag läutet sie zu Mittag. Nur noch wenige Familien kommen hierher, wöchentlich gibt es eine Messe. Auch die Kasse ist vollkommen leer. Das Wasser tropft, rinnt über den in Kassetten unterteilten Boden, auf dem diagonalen Muster entlang. Das Dach wurde im vorigen Jahr zwar gedeckt, aber es regnet wieder herein. Und wenn es draußen schüttet, dann fällt auch diese eine Messe aus.

Nach dem Besuch von Bistrița folgen Schlachten, männliche, harte Gefechte und die vergessene Erinnerung an alte Zeiten, dazu die mahnenden Worte eines Fickós für eine schönere Zukunft.

* * *

Am 15. August 1999 wurde in Țigău auf dem Hügel des evangelisch-reformierten Friedhofs das Cserhalom-Denkmal eingeweiht, eine beinahe zehn Meter hohe Steinsäule. Der Gedenkstein wurde zum Andenken an den Sieg König Ladislaus' über das kumanische Heer im Jahr 1068 aufgestellt, und die hiesige reformierte Kirchengemeinde veranstaltete zu diesem Anlass auch eine Gedenkfeier. Die Einweihung begann mit einem ökumenischen Gottesdienst, der reformierte Bischof erinnerte an den heiligen Ladislaus und das ungarische Heer, die das Land vor tausend Jahren beschützt hatten, damit die Magyaren ein Zuhause und eine Geschichte hätten. Der Pfarrer von Țigău erklärte seinerzeit: Das Denkmal sei aufgestellt worden, damit auch die Diaspora eine Pilgerstätte habe. Es zeigt den Kampf für unsere Söhne und Töchter, für unsere Kinder und die Heimat.

Wir aber kämpfen nicht, wir kommen in aller Stille an, denn wir sind am letzten Tag unseres Ausflugs schon etwas erschöpft. Wir wollen weder siegen, noch sind wir unbesiegbar, viele ringen eher mit ihrem Kater. Ich bleibe mit DJ Zöld unten im Dorf, wir schlendern umher, sammeln Eindrücke. Der Laden hat geöffnet, wir kaufen Hörnchen. Kaufen Wasser. Wer noch Kraft hat, geht zu Fuß den Berg hinauf. Manche bleiben auch im Bus und schlafen.

Es ist Sonntagvormittag, die Sonne scheint, die Leute eilen zum Gottesdienst, sie sprechen uns an. Der Weg ist trocken, die Spuren der Traktoren rissig. Das ist viel aufregender, als ein lebloses Monument anzustarren. Die Straßen sind belebt. Ich bitte ein paar Kinder, sie fotografieren zu dürfen. Sie kommen in Verlegenheit, das macht ihr Bild so unschuldig. Sie sind zappelig. Fassen mich an. Dann stellt sich heraus, auch wir kämpfen, nämlich mit den Worten, mit den Sätzen, mit der ganzen Situation, in die wir unfreiwillig hineingeraten.

Ein alter Mann, János, kommt uns entgegen. Einige Meter hinter ihm drei andere Männer. János trägt ein abgenutztes Sakko, Hemd und Stiefel. In seiner Jackentasche steckt eine Blume. Die drei Männer sind recht auffallend, sie haben Windjacken in Rot und Orange an. Ich sehe sofort, das sind Niederländer. In Sportschuhen spazieren sie durch das Dorf und lächeln ununterbrochen. Sommersprossen, strohblondes Haar.

Der alte János ist der erste Mann im Dorf, er erschrickt nicht vor DJ Zölds riesiger, roter, zotteliger Mähne und dessen gerötetem Gesicht. Der Musiker aus Székesfehérvár gefällt ihm sogar ausgesprochen. Er fragt, ob wir Tschechoslowaken seien. Nein, Ungarn. Woher, aus Paris? Ach was, aus Miskolc. Paris vor hundert Jahren, singt er, ja das war ein Paris, da konntest du erfahren, wie schön das Leben ist. Er lacht laut. Seiner Meinung nach habe hier, in Ungarn, immer Frieden geherrscht, er verstehe gar nicht, wozu diese kämpferische Skulpturenfestung, aber wir sollten nur mitkommen, er würde uns etwas zeigen. Auf einmal dreht er sich um, können Sie Tschechisch, fragt er, denn dann könnten Sie mir etwas übersetzen. Ich möchte mit der Familie sprechen. Die Familie sind drei Personen. Inzwischen holen sie uns ein und schließen sich uns an.

Ich grüße auf Deutsch. Sie erwidern den Gruß.

Na, dann sagen Sie ihnen auf Tschechisch, dass wir jetzt zu meiner Schwiegertochter gehen, ein bisschen Wein trinken und erst dann zum Gottesdienst. Das ist Pflicht. Ich sage es ihnen, auf Deutsch. Die holländischen Protestanten lächeln, im Grunde vermitteln sie keinerlei Gefühl, wünschen nur oberflächlich einen frohen Palmsonntag. Sie möchten eigentlich nicht trinken, lehnen die Einladung reserviert ab. Puritanisch. János ruft seiner Schwiegertochter zu, sie solle dann vier Gläser bringen, oder nein, lieber sechs. Sie solle durchzählen und endlich den Wein bringen. Seine Schwiegertochter reicht nach sieben Sekunden die Gläser und den Wein durch den Vorhang an der Eingangstür. Ihr Gesicht sehen wir nicht. Wir trinken. János trinkt auch für die Niederländer mit, Zöld und ich trinken jeweils ein Glas. Wir warten, es passiert nichts weiter. Wir haben das Geld für die Kirche gespendet, jedes Jahr kommen wir her, sagt der Holländer plötzlich. Wir mögen dieses Dorf sehr.

Ich übersetze. Finden Sie nicht auch, dass es hier sehr schön ist?, fragt der alte János, ja, ahoi, rufen Zöld und ich. Holland ist so flach. Der Alte versteht es nicht, schlägt die Hacken zusammen, steht stramm, setzt den Hut auf, fertig zum Abmarsch, ruft er. Ich fotografiere den Hof, er ist voller Käfige und Kleintiere.

Der Pfarrer kommt, wir schütteln ihm die Hand, auch seine Frau ist da, sie trägt eine Lederjacke und hat warme Hände. Sie fragen, woher wir gekommen seien, wir sagen, aus Ungarn. Dann sollten wir doch zum Gottesdienst hereinkommen, sagt die Ehefrau. Sie ist freundlich, sie gehen gleich los, mit riesigen Schritten, wir können uns vorerst nicht entscheiden.

Zöld läuft ihnen hinterher, ich zögere, doch dann braucht er den Fotoapparat, ich bringe ihm die Kamera, und schon stehen wir am Kircheneingang. Auch hier geben wir jedem die Hand. Wir erzählen, woher wir gekommen sind und dass unsere Reisegruppe zum Denkmal hinaufgegangen ist. Alle nennen uns Namen von Verwandten oder Bekannten, die nach Ungarn gegangen sind, vielleicht würden wir sie ja kennen, aber wir schütteln nur den Kopf.

Der Pfarrer bleibt bis zuletzt, er wartet, bis die Gläubigen sich auf die Bänke setzen. Kommen Sie, sagt er. Nein, tut uns leid, aber wir müssen gehen. Warum? Weil die anderen gleich wieder herunterkommen. Waren Sie nicht oben? Nein. Mein Sohn, sagt er zu Zöld, er wiederholt, mein Sohn, die Gegenwart ist ohne die Vergangenheit nicht zu verstehen. Gehen Sie hinauf. Wir erröten, schämen uns. Es ist ein unbegründetes Gefühl, es kommt von innen, der Pfarrer hat eine solch furchterregende Stimme, er hat mit uns geschimpft. Er hat uns wissen lassen, dass wir uns in dieser einen Stunde nicht gut benommen haben, in der wir Gäste der Gemeinde waren. Aber wir haben noch Zeit, es wiedergutzumachen.

Er schließt das Tor.

Wir hören die erste Zeile des Psalms, die ganze Strophe wird gesungen, die Stimmen verklingen, als wir zur Straße hinausgelangen.

Wir lassen den Kopf hängen und trotten davon.

Zuerst bleiben wir ratlos stehen. Dann gehen wir los, um die anderen zu suchen.

Wieder kommen Kinder, dieses Mal rumänische, sie müssen nicht zum Gottesdienst, wir fotografieren sie, ihre Gesichter sind braun, und sie kommen überhaupt nicht in Verlegenheit. Wir schauen uns das holländische Haus an, das Zuhause des Pfarrers, die Gedenktafeln, die Schule, ertasten das Leben der Diaspora. Aber das Denkmal besichtigen wir nicht, wir haben keine Lust zu kämpfen. Uns auf der Serpentine den Berg hinaufzuquälen, um dort diesen riesigen Stein zu betrachten, und die Wahrheit ist, auch auf die Vergangenheit haben wir keine Lust. Die Zukunft ist die Gegenwart. Wir akzeptieren alles so, wie es uns in den Weg gelangt, in seiner rohen Form, wir tasten es ab und denken uns was. Das Ganze ist nur ein Abenteuer. Holländer, murmele ich leise. Na, sei nicht traurig, sagt Zöld, weil uns dieser Fickó in seinem Talar geschimpft hat! Er hatte recht und fertig. Akzeptier das, sein Haus ist die Vergangenheit, die hält ihn am Leben, wenn es kein Denkmal gäbe, wären auch wir nicht hierhergekommen, für sie ist immer noch der heilige Ladislaus der Ursprung.

Wir steigen in den Bus. Weil einige zurückgeblieben sind und sich verirrt haben, müssen wir noch eine Stunde warten. Die Ungarn seien in der Lage zusammenzuhalten, sagt jemand, das habe er beim Denkmal gelernt. Solche falschen Wahrheiten schießen durch die Luft, während die wartende Gegenwart gerade etwas ganz anderes belegt, die Ungeordnetheit und Überflüssigkeit des Zusammenhalts. Endlich treffen die Zurückgebliebenen ein und schließen sich uns an, mit lautem Gelächter machen wir uns auf den Weg nach Hause.

TIEFE BISSWUNDEN

Galizien

»Ich hatte eine Gänsehaut. In diesem vergessenen und erodierenden Scheißhaus sah ich die Materie im letzten Stadium des Verfalls, in letzter Verlassenheit.«
ANDRZEJ STASIUK, *Die Welt hinter Dukla*

Galizien kann man sich heute nur noch vorstellen, es ist längst ausgelöscht. Oder wird vielleicht ein neues Galizien erbaut, das die Polen begeistert rekonstruieren? Und was ist mit dem anderen, dem ukrainischen Galizien? Womit kann der Reisende heute in dieser versunkenen Landschaft rechnen? Nach zehn Jahren bin ich wieder auf diesem schäbigen Boden, doch er ist eben, keine Spur von den einstigen Falten – dieses Galizien ist nicht mehr jenes Galizien, auf der polnischen Seite haben sich die Äcker geglättet, sind die Parzellen und die Felder gepflegt. Hinter den schwarzen, waldigen Tannenhügeln aber ist eine Vergangenheit in Form moderner Denkmäler erwachsen. Der eifrige Umgang mit ihr ist beneidenswert und eine ergreifende Sehenswürdigkeit für die Touristen. Die Grenze jedoch scheint wie mit einem Messer in die Landschaft geschnitten: Auf der ukrainischen Seite herrscht Krieg. Eine in den Karpaten geborene Dichterin aus Iwano-Frankiwsk hat vor Kurzem zu mir gesagt, weißt du, jeden Morgen denke ich daran, wenn ich meinen Sohn wecke, ob wir uns auf den Weg in die Schule machen sollen und dort wohl ankommen. Oder ob uns unterwegs aus dem Himmel eine Bombe auf den Kopf fällt.

Je nach Jahreszeit erscheine Dukla immer in einem anderen Licht, hat Stasiuk einmal geschrieben. Natürlich. Dort, wo nichts Heiteres zu erwarten ist, gewinnt die durch das Licht hindurchschimmernde Ewigkeit sofort an Bedeutung. Es kommt darauf an, in welchem Jahr wir dort sind, ständig verändern sich die Motive der Erinnerung in der Landschaft. Daran ist nichts Eigenartiges. Wir befinden uns in der seit Langem zerzausten Hälfte Europas, die voller Bewegung und doch wie ein stehendes Gewässer ist, von der Langsamkeit einer Schnecke – was sollte sich da verändern? Denn die glanzvollen Stadtteile sind mit einem Schlag verschwunden, ganze Völkergruppen, Provinzen wurden ausgesiedelt, Menschenmassen ausgerottet. Wir müssen auf Friedhofshügeln, in Kirchen oder Museen nach ihnen suchen – wenn überhaupt jemand noch etwas Wahres über sie sagen kann. In den Kirchen Maria Magdalenas wird selbst heute ununterbrochen geläutet, auch das erinnert an die Ewigkeit. Nirgendwo habe ich so viele betende Menschen bei staatlichen Feierlichkeiten unter Soldaten gesehen wie im Sommer 2014 in Polen.

Es gibt vielleicht keine andere Provinz Mitteleuropas, die in diesem Maße neu zugeschnitten, umstrukturiert worden ist wie diese heute teils zu Polen, teils zur Ukraine gehörende Region. Der Schauplatz von Genoziden, Bevölkerungsaustausch, Aussiedlungen; Deportationen, Todesmarsch, Gemetzel. Lauter Sinnlosigkeiten, Ängste, Überlebensversuche. Die glanzvollen Renaissancestädte und Palais von Krakau, Lublin, Lemberg, Zamość, Przemyśl und Tarnów. Theater aus der Zeit der Monarchie und exakter Städtebau wie von

Ingenieuren geplant. Königspaläste, Bürgerhäuser, Zünfte und Universitäten – auch das ist Galizien, das Nonplusultra der Widersprüche. Wir haben hier dicht bewohnte jüdische Viertel gesehen, überfüllte Renaissancehöfe, Geschrei in Innenhöfen, blumengeschmückte Veranden, in ihrer Schönheit überwältigende armenische Kirchen. Kaffeehäuser, verzierte Bahnhöfe, Klöster und den Bettelstab schwingende Lehnsherren. All das lockt auch heute zu einer Reise. Aber in derselben Provinz können wir auch die Vernichtungslager von Auschwitz und Bełżec besuchen, in aufwühlenden Ausstellungen das Leben der Deportierten bis zu ihrem Ende begleiten. Die Arbeit skandalös präziser nationalsozialistischer Völkermörder – die Biografien verweisen auf eine umgrenzte Geografie und auf Stadtnamen (Frankfurt, Komárom, Ternopil, Krakau, Lublin, Drohobytsch usw.) und enden im Gestank von Menschenhaufen.

Tiefe Wunden haben sie hinterlassen, es ist eine vernarbte Erde. Wer sich hierher verirrt, wird zum Augenzeugen, geht auf den Spuren des Verschwindens unschuldiger Menschen, trampelt auf der Vergangenheit, auf einer melancholischen Landschaft. Seinen Abdruck hinterlässt er auch dann, wenn er sich aus einem ganz anderen Grund auf den Weg hierher gemacht hat.

Der Geruch von Armut

Galizien ist noch immer dafür berühmt, einst ein Land mit dem Geruch von Armut gewesen zu sein, mit seiner starken volkstümlichen und patriotischen Kultur galt es als ein besonderes Land. Dabei bestand die überwiegende Mehrheit der Bevölkerung gar nicht aus Polen, wie sowohl die heutigen Reisenden glauben, als es auch die Regenten der sich im achtzehnten Jahrhundert ausbreitenden Monarchie und der hierher reisende Kronprinz geglaubt hatten. Vielmehr verfügte Galizien über eine bedeutende ruthenische und jüdische Bevölkerung. Die Stimmen der Hoffnungslosigkeit dieser

Landschaft sind auch in den Liedern und Gedichten zu finden, sogar die polnischen, ungarischen und österreichischen Schriftsteller des vergangenen Jahrzehnts sprechen recht herablassend von der »wundervollen« Gegend. Stasiuk bezeichnet das polnische Galizien 1997 als das wundersame, doch zukunftslose Land der Leere und Langeweile. Das Land des Verfalls, der sich mit kühlem, übernatürlichem Gleichmut über die Landschaft legt. Aber mit einer derart pikanten Ruhe und Willenlosigkeit schrieb auch Bruno Schulz über das ukrainische Drohobytsch: »Dort, wo die Landkarte schon sehr südlich, von der Sonne gebleicht, nachgedunkelt und vom Sommerwetter verbrannt wie eine reife Birne ist, dort liegt es, wie eine Katze in der Sonne – das auserwählte Land, diese eigenartige Provinz, diese weltweit einzigartige Stadt.«

Jurij Andruchowytsch bezeichnet seine Heimat (er wurde im galizischen Iwano-Frankiwsk geboren) als die Trümmer der Zivilisation. Er beschreibt verfallende Häuser, verlassene Höfe, die nach Pilzen und Urin stinken, mit ewigem Herbstlaub bedeckte Treppenhäuser. Oder Stanisław Vincenz, der Sammler der Geschichten von chassidischen Rabbis und Zaddiks, spricht vom schäbigen Leben seiner Gesprächspartner. Der Wiener Schriftsteller Martin Pollack formuliert gewissermaßen vereinfacht, Galizien existiere heute gar nicht mehr, es sei nur der verlassene Ort einer einstigen multikulturellen Welt.

Krakau, die Hauptstadt Westgaliziens, ist heute die modischste Stadt Polens. Ein geistiges Zentrum, der Holocaust-Tourismus nimmt industrielle Maße an, der Besucher weiß gar nicht, wohin er schauen soll bei der vielen englischsprachigen Werbung für Spielberg und Auschwitz. Die berühmte galizische Armut kann man gar nicht mehr spüren oder riechen. Wer heute Krakau einen Besuch abstattet, hat keine Ahnung, dass in der östlichen Hälfte Galiziens die ruthenische Region ein ganz anderes Bild zeigt. Sie ist wirklich schäbig, arm und hoffnungslos.

Östlich von Krakau wechseln verlassene Bauernhöfe und Eisengestelle alter Kolchosegebäude einander ab. Der sinnlos durch die Landschaft streunende Hund erscheint als die Metapher des dort lebenden Menschen. Nirgends haben wir eine einzige Tulpe gefunden, als wir im letzten Jahr im ukrainischen Galizien gewesen sind. Stattdessen die rissigen Überreste von Denkmälern sowjetischer Erinnerung.

In Podolien haben wir das Massengrab der Hinrichtung von 1941 in Kamjanez-Podilskyj besucht. Tiere und Menschen gehen hier frei ein und aus, um ihr Geschäft zu verrichten: Es steht mitten in einem Park auf dem Spielplatz, zwischen zehnstöckigen Hochhäusern einer heruntergekommenen grauen Wohnsiedlung. Dass die Zukunft Ostgaliziens vollkommen unsicher ist, davon haben die Zeitungen vor ein paar Wochen berichtet, das Volk muss seinen Tribut zahlen, und davon wird die Armee vergrößert.

Aber kehren wir nach Polen zurück.

Mitteleuropa erwacht von dem Geld, das die Gastarbeiter aus dem Westen nach Hause bringen, zu neuem Leben, als hätte man diese Landschaft mit Norwegen oder der Schweiz besprüht. In der slowakisch-polnischen Grenzregion erwarten den Reisenden zahlreiche Überraschungen. Reiche, gepflegte Gärten, geschmackvoll renovierte Holzhäuser, geschmückte Gänge in Innenhöfen, restaurierte Denkmäler, auf der mit Blumen verzierten Veranda Kindergeschrei. Hilfsbereite Menschen; verlassene und wiederbelebte Synagogen. Kühle Monumente von Johannes Paul II., Riesendenkmäler der Heiligsprechung. Am Ortsausgang Maria mit dem Kind, Kerzen und Kunstblumen. Chinesische Supermärkte, moderne Malls, statt der Aussichtslosigkeit eine gewisse Freude und Zuversicht, eine von der Gastarbeit im Westen erwirtschaftete neue Ökonomie.

Raupenketten

Ich kann nicht mehr so schreiben wie die Reisenden im vergangenen Jahrhundert, aber auch nicht mehr so wie Stasiuk gleich nach der Wende, als er die Schauplätze seiner Kindheit aufsuchte und aus dem Licht las. In Polen hat sich selbst die nebelverhangene Berglandschaft radikal verändert. Galizien existiert wieder, ist eine Region, die auch ohne Nostalgie lebt, und wer es erblickt, bekommt eine Gänsehaut.

Diese historisch so stürmische Region bietet derzeit eher das Bild einer mit Wildblumen übersäten Landschaft, eine ganze Reihe dramatischer Augenblicke erwacht zum Leben. Das jüdische Viertel Krakaus ist heute das Zentrum des touristischen Holocaust-Disneylands, nicht sehr ergreifend. In Lublin jedoch zeigt die Ausstellung des »Teatr NN« das Leben der Deportierten auf eine originelle Weise, junge Menschen bauen hier unter Verwendung von Interviews und Amateurfotos ein neues Archiv auf. Ein aufwühlendes Erlebnis sind auch das Denkmal des Lagers in Bełżec (dem östlichen Auschwitz), die Friedhöfe von Lesko und Bobowa mit ihren Grabdenkmälern und den Aufschriften – heitere Löwen, ein verzierter Grabstein einer Frau aus dem sechzehnten Jahrhundert mit Menora. Die Jugendstil-Synagoge von Łańcut mit den Bildern der Schöpfung, die Kathedralen der Barockstadt Przemyśl, von der Monarchie übertüncht, und am Ufer des Sjan ist auch heute noch das Befestigungssystem Molotows zu sehen. Alles ist da, man kann es anfassen, riechen.

Wir sehen, wie Väterchen Bem – diesen Spitznamen trägt er in ungarischen Lehrbüchern – in einem See in Tarnów schwimmt. Ja, General Józef Bem kam aus Galizien, und hier waren auch der brave Soldat Schwejk oder Oberst Redl. Mit allen gab es Schwierigkeiten. Bem gelangte während seiner Emigration in das syrische Aleppo, wo er dem Osmanischen Reich half, Herr über die chaotische Situation zu werden, er wurde Offizier des osmanischen Heers und wechselte zum islamischen Glauben. Deshalb konnte er auf keinem einzigen christlichen Friedhof Polens begraben werden. Sein Pantheon oberhalb eines Sees – das Wasser ist still, einige tote Enten, Tauben – ist das Symbol der galizischen Religionsfreiheit.

Eines Morgens weckt uns die Nachricht, dass Putin mit einer Kriegsflotte in die Krim eindringt. Wir können dem Krieg auf unserer Reise nicht ausweichen, denn er kommt uns ständig entgegen, naht auf imaginären Raupenketten. Und dann sehen wir, dass sich diese auch in Galizien in Gang setzen.

Es ist gerade ein Feiertag, als wir durch Zamość und Łańcut spazieren. Panzer und andere Militärfahrzeuge fahren auf den Straßen. Polnische Soldaten durchstreifen die Gassen der Dörfer in der Umgebung der Stadt und die Vorstädte, die Menschen schauen verständnislos und verschreckt. Kinder freunden sich auf der Parade mit den Waffen an, kriechen in das Innere der Raupenfahrzeuge. Uniformierte sind darauf bedacht, sich beliebt zu machen, sie grinsen breit, winken, der Bevölkerung werden staatliche Auszeichnungen überreicht – es ist Mariä Himmelfahrt. Tatsächlich gab es eine Zeit in der Geschichte, als Maria selbst das polnische Heer als General anführte, doch sollte das jetzt lieber nicht so sein.

An diesem Tag werden vom Morgen bis in den späten Nachmittag Messen gehalten, mehrere Tausend Gläubige stehen zur heiligen Kommunion an. An den Straßen himmelblaue, mit Bändern behangene, mit Blumen überhäufte Marienstatuen. Diese Gegend ist nicht jene der aussichtslosen Armut, sondern der Vorbereitung und des Wartens. Das Galizien Stasiuks von vor zwanzig Jahren ist mit Haut und Haaren ausgewechselt worden, und jetzt scheint es, wird es gleich mobilisiert. In Zamość finden wir unter den Arkaden auch das Geburtshaus von Rosa Luxemburg, betasten die dicken Renaissancemauern, ein kleines Relief zeigt ihren einstigen Geburtsort, als wäre in einem ehemaligen sozialistischen Land niemand stolz darauf.

Hügel mit springenden Löwen

Als ich nach Hause komme, hole ich das Buch *Begegnung mit Chassidim* von Stanisław Vincenz hervor. Ich wollte einige Leben von West nach Ost, von der Ebene nach Podolien, dann hoch in die Karpaten durch das Gebiet der heutigen Ukraine nachverfolgen. Stattdessen bewege ich mich am Donau-Ufer. Ich komme aus Bels in Verőce an, ebenso wie Vincenz während des Zweiten Weltkrieges: »Als wir als Flüchtlinge in Ungarn lebten, lernte ich einen jungen, aus Ungarn stammenden und dort lebenden Chassidim kennen, der einige Jahre in Polen gelebt hatte, er hatte in der Rabbinerschule bei dem berühmten Rabbi Rokach in Bels studiert. Die Umstände unserer Treffen waren sehr unterschiedlich, das erste Mal, als ich die Grenze gleich zweimal überquert hatte, dann einige Jahre später, 1944, als die Deutschen in Ungarn einmarschiert waren. Mein Bekannter hatte da schon kein Haus mehr, da der Großteil seiner Familie nach Auschwitz deportiert worden war, er aber versteckte sich in Budapest und überlebte den Krieg als polnischer Flüchtling. [...] Er verlor sein naives Vertrauen in die geistige Hierarchie nicht, er glaubte daran, dass geistige Kräfte die Welt lenkten, und man dies ›dort drüben‹ sehr wohl wisse. Wenn ich ihm erwiderte, die dort drüben hätten – vorerst zumindest – ebenfalls etwas zu sagen, lächelte er mit diskreter Ironie, etwas angespannt, von seinem Gesicht las ich verzeihendes Wissen ab.«

In meiner Vorstellung bin ich wieder auf diesem schäbigen Boden, dann in den ruthenischen Karpaten – die Landschaft verliert sich in traumartigem Nebel, es ist Krieg, der scharfe, pfeifende Klang der Bomber naht.

Ich schaue mir Friedhofsbilder an, mein Auge tastet die Bäume des dichten Steinwaldes ab. Der krumme Rücken der Menschen, aneinanderlehnende Steine im Furchtschatten. Ungepflegte Grabsteine, Lianen, bald verschwinden die mehrere Hundert Jahre alten Löwen und Menora Bobowas und Leskos unter der Erde. Ihre geheimnisvolle Botschaft ist sowohl lebendige Erinnerung als auch Mahnung für die Nachwelt: So wie sich die Moosflecken auf den Gräbern abzeichnen, erwachen die Vorfahren der Verschleppten, die chassidischen Menschen, zum Leben. Nirgendwo in Europa war der faschistische Genozid derart vorbereitet und durchorganisiert wie in dieser Region. Wie ein Mosaik setze ich die Bilder zusammen: Zu der sephardischen Synagoge in Lesko lege ich ein anderes, von Bardejov. Störche, Gebetsriemen, Tallits mit Zizijot. Eine Hand, Finger, Menora, Thorarolle, Schrift, Mesusa. Ich breite den chassidischen Hügelfriedhof über den Bildschirm aus. Einen anderen füge ich hinzu. Es sind die Porträts des Friedhofs von Czernowitz: Auf dem Gebiet der heutigen Ukraine hat man dank der zunehmenden Zahl an Touristen in den jüdischen Friedhöfen ebenfalls das Gras gemäht.

Stanisław Vincenz überstand den Krieg in Verőce, in einem Dorf an der Donau. 1940 kam er aus Galizien in die »idyllische, stille, geheime Landschaft« (er floh über das Tschornohora-Gebirge) und kehrte nie wieder heim. Von der Donau zeichnete er ein überraschend freundliches und herzliches Bild, er hielt sie für einen staatsgründenden Fluss, für ein besonderes natürliches Requisit der Zivilisation. Er schätzte die Landschaft um das Donauknie sehr, zugleich bezeichnete er den riesigen Strom als einen furchterregenden militärischen Stützpunkt, als Hintergrund des osteuropäischen Völkermordes. Die schöne Landschaft, wie mörderisch sie doch sein kann, füge ich hinzu. Diesen Mord kann man nicht einfach auslöschen, vergebens wird gesprengt und gezündelt, wird die Industrie ausgebaut, werden Fabriken an den Plätzen des Mordens errichtet, Arbeitersiedlungen, Kinos. Die Vergangenheit ist umso deutlicher zu sehen, je größer der Eifer ist, sie zu verbergen.

Als die Friedhöfe sich in meinem Kopf berühren, stehe ich wieder am Donau-Ufer, so wie Vincenz. Genau genommen auf der Szentendre-Insel, nahe Budapest. In Tahitótfalu habe ich im vergangenen Herbst, an einem Tag im September, mit den Kindern den Friedhof aufgesucht. Wir fanden ein kleines Holztor, verdrahtet, es war nicht schwer, es zu öffnen. Wir sahen fast ausschließlich Gräber von jüdischen Frauen. Jetzt verdrahte ich die Erinnerungen, Galizien, die Bukowina, die Chassidim und das Geröll der Donau, das braune, schlammige Wasser und die wuchernden Pappeln ... Die Belagerung und Selbstvernichtung Budapests. Gräber, Steine, die moosgrüne, dreckige Ohnmacht der gebeugten und versinkenden menschlichen Gestalten – verspielte, fröhliche, sanfte Löwen (nette, naive Verzierungen?). Als wären sie die Löwen an der Budapester Kettenbrücke. Diese Friedhöfe verströmen die gemäßigte, angespannte, düstere Ruhe einer entschwundenen Zeit – entgegen dem hektischen Spiel der Gegenwart. Das hier ist nichts, nur ein erfundenes Märchen über Nicht-sein und Es-war-einmal: ein plötzliches Auftauchen und Verschwinden.

GLOSSAR

A

Aluniş (Rumänien), dt. Haseldorf, ung. Magyaró

B

Baia de Criş Ţebea (Rumänien), dt. Altenburg, ung. Kőrösháza Cebe
Bardejov (Slowakei), dt. Bartfeld, ung. Bártfa
Beiuş (Rumänien), ung. Belényes
Berehowe (Ukraine), dt. Bergsaß, ung. Beregszász
Berlebaska (Berg) (Ukraine), ung. Barnabás-hegy
Bezdan (Serbien), dt. Besdan, ung. Bezdán
Bihor (Rumänien), ung. Bihar
Bihor-Gebirge (Rumänien), ung. Bihari-hegység
Bistriţa (Rumänien), dt. Bistritz, ung. Beszterce
Bistriţa Bârgăului (Rumänien), ung. Borgóbeszterce
Bistriţa-Năsăud (Rumänien), ung. Beszterce-Naszód

C

Câmpia Transilvaniei (Rumänien), ung. Mezőség
Câmpulung la Tisa (Rumänien), dt. Langenfeld, ung. Hosszúmező

Chust (Ukraine), ung. Huszt
Climăuţi (Rumänien), dt. Klimoutz
Cluj-Napoca (Rumänien), dt. Klausenburg, ung. Kolozsvár
Codru-Moma-Gebirge (Rumänien), ung. Béli-hegység
Crişul Alb (Fluss) entspringt im Apuseni-Gebirge, fließt durch Rumänien und Ungarn, dt. Weiße Kreisch, ung. Fehér-Körös
Crişul Repede (Fluss) entspringt im Kreis Cluj, fließt durch Rumänien und Ungarn, dt. Schnelle Kreisch, ung. Sebes-Körös
Czernowitz (Ukraine), dt. auch Tschernowitz, ukr. Tscherniwzi

D

Deda (Rumänien), ung. Déda
Densuş (Rumänien), dt. Demsdort, ung. Demsus
Deva (Rumänien), dt. Diemrich, ung. Déva
Dilowe (Ukraine), ung. Terebesfejérpatak

G

Geoagiu (Rumänien), dt. Gergesdorf, ung. Algyógy

H

Halytsch (Ukraine), dt. Halitsch
Hunedoara (Rumänien), dt. Eisenmarkt, ung. Vajdahunyad/ Hunyad

J

Jablunyzkyj-Pass (Ukraine), dt. früher Tatarenpass, ung. Tatár-hágó
Jassinja (Ukraine), ung. Kőrösmező
Jiu-Tal (Rumänien), dt. Schil-Tal, ung. Zsil völgye

K

Komárom (Ungarn), dt. Komorn, slow. Komárno

M

Măneuţi (Rumänien), ung. Andrásfalva
Maramureş (Rumänien), dt. Maramuresch, ung. Máramaros
Mukatschewo (Ukraine), dt. Munkatsch, ung. Munkács
Munţii Călimani (Berg) (Rumänien), ung. Kelemen-havasok
Munţii Lăpuşului (Berg) (Rumänien), ung. Lápos
Mureş (Rumänien), ung. Maros
Mureş (Fluss), entspringt in den Ostkarpaten, fließt durch Rumänien und Ungarn, dt. Miresch oder Marosch

N

Nyzhnja Apscha (Ukraine), ung. Alsóapsa

O

Oradea (Rumänien), dt. Großwardein, ung. Nagyvárad
Orăştie (Rumänien), dt. Broos, ung. Szászváros
Oţelu Roşu (Rumänien), dt. Ferdinandsberg, ung. Nándorhegy

P

Palić (Serbien), dt. Palitsch, ung. Palics
Paşul Prişlop (Rumänien), dt. Prisloppass, ung. Borsa-hágó
Pasul Turnu Roşu (Rumänien), dt. Roter-Turm-Pass, ung. Vöröstoronyi-szoros
Pécs (Ungarn), dt. Fünfkirchen
Petroşani (Rumänien), dt. Petroschen, ung. Petrozsény
Poiana-Ruscă-Gebirge (Rumänien), ung. Ruszka-havas
Pruth (Ukraine), linker Nebenfluss der Donau, Quelle in den ukrainischen Ostkarpaten, rum. Prut

R

Rachiw (Ukraine), ung. Rahó
Rădăuţi (Rumänien), dt. Radautz, ung. Radóc
Reghin (Rumänien), dt. Sächsisch-Regen, ung. Szászrégen

Retezat-Gebirge (Rumänien), ung. Retyezát-hegység
Ribiţa (Rumänien), ung. Ribice
Rieni (Rumänien), ung. Rény
Rodna-Gebirge (Rumänien), rumänisch: Munţii Rodnei

S

Sărăţel (Rumänien), dt. Reussen, ung. Szeretfalva
Schwarze Theiß (Fluss) entspringt in den Waldkarpaten, mündet vor Rachiw in die Weiße Theiß (Ukraine), ukr. Tschorna Tyssa, ung. Fekete Tisza
Sebeş (Rumänien), dt. Mühlbach, ung. Szászsebes
Serednje Wodjane (Ukraine), ung. Középapsa
Sereth (Fluss) (Ukraine), linker Nebenfluss der unteren Donau, fließt durch die Ukraine und Rumänien, rum. Siret, ung. Szeret
Sibiu (Rumänien), dt. Hermannstadt, ung. Nagyszeben
Şieu (Fluss), linker Nebenfluss des Someşul Mare (dt. Großer Somesch) im Norden Rumäniens, dt. Schogen, ung. Sajó
Sigethu Marmaţiei (Rumänien), dt. Marmaroschsiget, ung. Máramarossziget
Sighişoara (Rumänien), dt. Schäßburg, ung. Segesvár
Solotwyno (Ukraine), ung. Aknaszlatina
Sombor (Serbien), ung. Zombor
Subotica (Serbien), dt. Maria-Theresianopel, ung. Szabadka
Suceava (Rumänien), ung. Szucsáva
Suczawa (Fluss) (Ukraine), rumänischer Fluss, der einige Kilometer durch die Ukraine fließt bzw. die Grenze bildet, rum. Suceava

T

Târgu Mureş (Rumänien), dt. Neumarkt am Mieresch, ung. Marosvásárhely
Teaca (Rumänien), dt. Tekendorf, ung. Teke
Ţebea (Rumänien), ung. Cebe

Ternopil (Ukraine), dt./poln. Tarnopol
Theiß (Fluss) entspringt in den Waldkarpaten (Ukraine), fließt durch Rumänien, Ungarn und mündet in Serbien in die Donau, ukr. Tyssa, rum. Tisa, ung. Tisza, serb. Tisa
Ţibleş-Gebirge (Rumänien), ung. Széples
Ţigău (Rumänien), dt. Zegendorf, ung. Cegőtelke
Tjatschiw (Ukraine), ung. Técső
Topliţa (Rumänien), dt. Töplitz, ung. Maroshévíz
Tscheremosch (Fluss) (Ukraine), rechter Nebenfluss des Pruth
Tschornohora-Gebirge (Ukraine), dt. Schwarze Berge, ung. Feketebérc

U

Uschhorod (Ukraine), dt. Ungwar, ung. Ungvár

V

Vârful Ţibleş (Berg) (Rumänien), ung. Nagy-Égett-kő
Vârful Zespezel (Berg) (Rumänien), ung. Zászpás csúcs
Viişoara (Rumänien), dt. Heidendorf, ung. Besenyő

W

Werchnje Wodjane (Ukraine), ung. Felsőapsa
Wodyzja (Ukraine), ung. Kisapsa

QUELLEN

S. 20/21, Zitat aus: Gregor von Rezzori: *Denkwürdigkeiten eines Antisemiten,* Berliner Taschenbuchverlag, Berlin 2004

S. 23, Zitat übersetzt von Eva Zador aus: Zsigmond Móricz, *Erdély,* Helikon, Budapest 1983

S. 48, Zitat aus: Hermann Mittelmann, *Illustrierter Führer durch die Bukowina,* hg. von Helmut Kusdat, Mandelbaum, Wien [4]2008 [Repr. 1907]

S. 67, Zitat aus: Bruno Schulz: »August«, in: ders.: *Die Zimtläden,* Hanser, München 2008

S. 75/76, Zitat aus: Die österreichisch-ungarische Monarchie in Wort und Bild, Bd. 19: *Galizien,* Wien 1898

S. 81, Zitat aus: Bruno Schulz, »August«, a. a. O.

S. 91, Zitat aus: Bruno Schulz: »Der Frühling«, in: ders.: *Das Sanatorium zur Sanduhr,* Hanser, München 2011

S. 158, Zitat aus: Andrzej Stasiuk, *Die Welt hinter Dukla,* Suhrkamp, Frankfurt a. Main 2000

S. 161, Zitat aus: Bruno Schulz, »Die Republik der Träume«, a. a. O.

S. 165, Zitat übersetzt von Eva Zador aus: Stanisław Vincenz, *Találkozás haszidokkal,* Múlt és Jövő, Budapest 2001

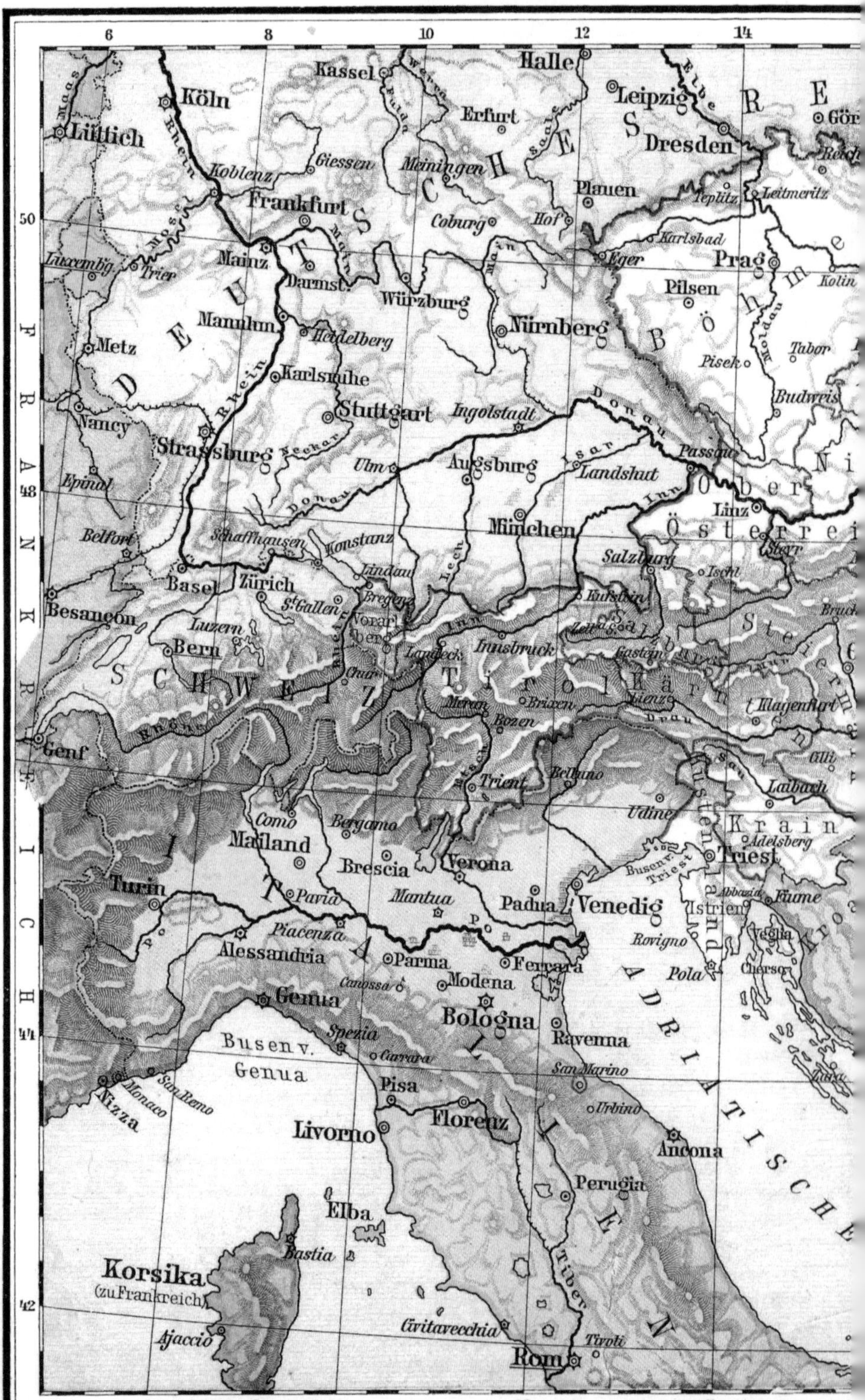

6
8
10
12
14
50
48
44
42
Kassel
Halle
Köln
Leipzig
Lüttich
Erfurt
Dresden
Maas
Rhein
Weser
Fulda
Saale
Elbe
Koblenz
Giessen
Meiningen
Plauen
Teplitz
Leitmeritz
Frankfurt
Coburg
Hof
Mosel
Main
Luxembg.
Trier
Mainz
Darmst.
Karlsbad
Eger
Prag
Kolin
Würzburg
Pilsen
Mannhm.
Heidelberg
Nürnberg
Metz
Karlsruhe
Pisek
Moldau
Tabor
Stuttgart
Ingolstadt
Budweis
Nancy
Donau
Strassburg
Neckar
Passau
Ulm
Augsburg
Isar
Landshut
Epinal
Linz
München
Inn
Belfort
Schaffhausen
Konstanz
Salzburg
Steyr
Lech
Lindau
Ischl
Basel
Zürich
Kufstein
Bregenz
Besançon
St. Gallen
Bruck
Luzern
Innsbruck
Bern
Landeck
Gastein
Chur
Brixen
Lienz
Meran
Bozen
Klagenfurt
Genf
Rhone
Drau
Cilli
Save
Belluno
Trient
Laibach
Como
Udine
Bergamo
Mailand
Adelsberg
Brescia
Verona
Triest
Busen v. Triest
Turin
Pavia
Mantua
Padua
Venedig
Abbazia
Fiume
Istrien
Piacenza
Po
Rovigno
Veglia
Alessandria
Parma
Ferrara
Pola
Cherso
Canossa
Modena
Genua
Bologna
Spezia
Ravenna
Busen v. Genua
Carrara
San Marino
Monaco
San Remo
Nizza
Pisa
Urbino
Florenz
Livorno
Ancona
Perugia
Elba
Bastia
Tiber
Korsika (zu Frankreich)
Ajaccio
Civitavecchia
Tivoli
Rom
DEUTSCHES REICH
BÖHMEN
Ober Österreich
Salzburg
Steiermark
Kärnten
Krain
Küstenland
SCHWEIZ
Vorarlberg
Tirol
ITALIEN
FRANKREICH
ADRIATISCHES
8 östl. Länge v. Greenwich 10
12
14